2002-2015
13 ANOS DE CORRUPÇÃO E IMPUNIDADE

Joseph Ceghato

2002-2015
13 ANOS DE CORRUPÇÃO E IMPUNIDADE

O câncer que afeta
o crescimento,
o desenvolvimento e
a inovação no Brasil

autografia

EDITORA AUTOGRAFIA
Rio de Janeiro, 2015

EDITORA AUTOGRAFIA
Editora Autografia Edição e Comunicação Ltda.
Av.Rio Branco, 185, sala 2105 – Centro
Cep: 20040-007
Rio de Janeiro

2002-2015 - 13 anos de corrupção e impunidade:
O câncer que afeta o crescimento, o desenvolvimento e a inovação no Brasil
CEGHATO, Joseph

1ª Edição
Setembro de 2015
ISBN: 978-85-5526-317-0

Todos os direitos reservados.
É proibida a reprodução deste livro com fins comerciais sem prévia autorização do autor e da Editora Autografia.

Sumário

I.	Introdução	7
II.	Sinopse	12
III.	Origem do livro	14
IV.	Agradecimentos	16
V.	Busca da identidade da sociedade	17
VI.	Processo de mudança: A força da sociedade no processo de mudança	19
VII.	A corrupção no Brasil: *O custo da corrupção para a sociedade*	23
VIII.	A impunidade no Brasil?: *Por que a impunidade interessa ao Brasil e os impactos para a sociedade.*	32
IX.	Estabelecendo parâmetros: *Definições*	38
X.	Visão geral do país	46
XI.	País fatiado pela corrupção e amordaçado pela ignorância	47
XII.	Crescimento e sustentabilidade de longo prazo	49
XIII.	Modelo de gestão nos últimos anos	54
XIV.	Constituição Federal do Brasil de 1988	58
XV.	Constituição Federal de 1988	59
XVI.	Constituição Federal de 1988	61
XVII.	Constituição Federal de 1988	64
XVIII.	Retrato de um país	69
XIX.	O que a sociedade pensa do Brasil: *Sondagem de opinião*	71
XX.	Sondagem de opinião	75
XXI.	Ambiência interna	84

XXII.	Produto Interno Bruto	89
XXIII.	Produto Interno Bruto: *Análise comparativa do PIB entre países*	90
XXIV.	Produto Interno Bruto: *Ralos que abastecem a corrupção*	94
XXV.	Produto Interno Bruto: *Riquezas do Brasil*	103
XXVI.	Produto Interno Bruto: *Premissas para evolução do PIB*	105
XXVII.	Reformas necessárias para o país	108
XXVIII.	Reformas necessárias: *Tolerância Zero*	110
XXIX.	Reformas necessárias: *Reforma Política*	112
XXX.	Reformas necessárias: *Reforma Tributária*	115
XXXI.	Reformas necessárias: *Reforma Social*	118
XXXII.	Reconstruir o Brasil	120
XXXIII.	Reconstruir o Brasil: *O processo de mudança*	122
XXXIV.	Reconstruir o Brasil: *Reflexão sobre nosso papel na sociedade*	127
XXXV.	Reconstruir o Brasil: *Engajamento da sociedade em um processo de mudança*	134
XXXVI.	O Brasil do futuro	142
	Bibliografia	148

I
Introdução

PARA INICIAR ESTE LIVRO, LISTEI ABAIXO UM CONjunto de decisões estratégicas do governo federal, no período 2002/2015, que considero importante para desenvolver o raciocínio ao longo da exposição. Não tenho a pretensão de ser conclusivo e tampouco de abordar a totalidade dos pontos das políticas econômica e social do país. Somente trazer à tona (relembrar) alguns pontos que considero bastante relevantes para o Brasil e para a sociedade.

Ações consideradas estratégicas no período 2002/2015 – Governo Federal

→ Ampliação da distribuição de renda (Bolsa Família) sem base de sustentação na arrecadação para médio e longo prazo.

→ Incentivo à indústria automobilística sem a respectiva contrapartida.

→ Financiamento de obras no exterior a juros subsidiados pelo Banco de Desenvolvimento Econômico (BNDES).

→ Construção de obras faraônicas no Brasil em detrimento de investimento em obras de infraestrutura no Brasil.

→ Financiamento da educação (FIES/PRONATEC), meramente política e sem base de planejamento e continuidade para o médio e longo prazo.

→ Aumento do número de ministérios (40) para poder administrar o Brasil com mais velocidade e foco nas demandas.

→ Remodelação do sistema de transmissão de energia no país.

Impactos para o país

→ Corrupção endêmica em todos os segmentos da economia.

→ Impunidade generalizada, seja em nível municipal, estadual e federal.

→ Perda dos valores sociais, degradação da sociedade.

→ Descrédito da sociedade nas instituições, tanto no Executivo, Legislativo quanto no Judiciário.

→ Inflação em crescimento acelerado por falta de absoluto controle da economia.

→ As drogas ceifando milhares de vidas por falta de controle nas fronteiras.

→ Fuga de capital estrangeiro do país, elevando o custo de fazer negócio no Brasil.

→ Custo elevado de fazer política, três vezes mais caro quando comparado com os custos de cada uma das dez maiores economias do mundo.

→ Perda de capital para incentivo da economia na medida em que estão sendo depositados no exterior.

Impactos para os Poderes Executivo, Legislativo e Judiciário

→ Enriquecimento ilícito da maioria dos agentes políticos e públicos, seja eleito pelo voto direto ou não.

→ Contas e mais contas de agentes políticos e executivos da iniciativa pública e privada em paraísos fiscais.

→ Juízes indicados para o cargo com o firme propósito de retardar processos e punições aos envolvidos.

→ Câmara e Senado trabalham com projetos de interesse próprio em detrimento das necessidades da sociedade.

→ Crimes e mais crimes do colarinho branco com a certeza da impunidade.

→ Movimentos da sociedade brasileira que não são ouvidos pelos agentes políticos.

Impactos para a Sociedade

→ Alto índice de analfabetos pela inexistência de educação de qualidade no país.

→ Serviços de saúde pública abaixo da linha da pobreza, com pacientes morrendo por falta de atendimento hospitalar.

→ Sociedade fechada atrás das grades, enquanto a bandidagem corre livre, leve e solta pelas ruas do país.

→ Segurança pública desacreditada. Cinquenta mil mortes por ano.

→ Perda do poder de compra pelo acelerado e contínuo crescimento da inflação.

→ Economia em acelerada decadência, gerando altos índices de desemprego e custo adicionais ao cidadão de bem.
→ Custo elevado dos serviços de infraestrutura, a exemplo de energia elétrica, água, esgoto, telefonia etc.
→ Desvio de dinheiro da merenda escolar e tantos outros.

Estes são alguns pontos dos mandos e desmandos que vem ocorrendo no país no período 2002/2015. São **13** anos de corrupção e impunidade. Nesse exato momento (2015), a sociedade é chamada a pagar a conta, mais uma vez. Tudo isso é produto dos desmandos de um bando de aloprados incompetentes que se dizem íntegros e incorruptíveis na gestão da coisa pública.

Vamos continuar nos mobilizando para mostrar ao Brasil e ao mundo que somos uma sociedade pacifica, mas não somos omissos e tampouco ignorantes, pois a força da sociedade é maior do que qualquer sistema de governo. Ao longo do livro, exploro com mais detalhes cada um dos impactos acima.

A sociedade já participou de três eventos de mobilização, sendo que eles ocorreram em março, abril e agosto de 2015. No entanto, os agentes políticos continuam se fazendo de cegos, surdos e mudos em relação às demandas da sociedade. Talvez seja chegada a hora da mobilização exigir com mais força e rigor o atendimento/alinhamento das demandas da sociedade. Lembre-se, a força da palavra é mais forte que a força do aço. Veja os principais focos das demandas da sociedade nas mobilizações:

- Chega de corrupção.
- Chega de impunidade.
- Fora Dilma.
- Mais rapidez no processo de punição.
- Fora PT (Partido dos Trabalhadores).

- Prisão para Dilma.
- Prisão para Lula.
- Legislativo corrupto.
- Prisão para os corruptos.

Esses itens estavam presentes em mais de 70% dos cartazes que a sociedade portava durante as manifestações. Entendo que é chegada a hora de a sociedade fazer valer seu direito, pois a Constituição Federal do Brasil permite isso, conforme o artigo primeiro.

II
Sinopse

A SOCIEDADE BRASILEIRA VEM SENDO SUBMETIDA A um processo – organizado, estruturado, com início, meio e fim – de corrupção endêmica, institucionalizada pelos agentes políticos para os quais a sociedade delegou poderes pelo voto direto para representá-la. Os cenários social, econômico e político vêm se degradando a uma velocidade jamais vista na história desse país. Os Poderes Executivo, Legislativo e Judiciário, seja nas esferas municipal, estadual e executivo, estão encastelados em si mesmos para que, de forma integrada e organizada, possam dilapidar o patrimônio público em detrimento das demandas da sociedade brasileira.

Uma parcela da sociedade – povo brasileiro – tem organizado e realizado movimentos com o firme propósito de mudar esse conjunto de coisas. Infelizmente ainda não foi possível contabilizar o sucesso e tampouco os resultados desses movimentos. Portanto, é chegada a hora da União nacional – de Norte a Sul, de Leste a Oeste – da sociedade se mobilizar. Isto para que se possa realizar um processo de mudança estruturado, integrado e acima de tudo pacífico, para que seja possível construir um Brasil inovador, rico nos valores sociais, sólido na economia, íntegro nas instituições jurídicas e justo na distribuição de renda. A Constituição Federal do Brasil de 1988 nos outorga esse direito ao povo brasileiro.

III
Origem do livro

O LIVRO NASCE DA MINHA INDIGNAÇÃO COM OS acontecimentos recentes que estão ocorrendo no país. É uma abordagem sobre os aspectos políticos, econômicos e sociais do país. Abordo cada um destes assuntos com a certeza e clareza de quem vive os impactos deste tripé na vida da sociedade brasileira. Estou infeliz com os desmandos na economia, na política e também com o sistema judiciário brasileiro, tanto nas esferas municipal, estadual quanto federal.

Escrevo esse livro com o firme propósito de poder compartilhar com a sociedade brasileira a minha visão sobre os aspectos econômicos, sociais e políticos do Brasil. Não tenho a pretensão de esgotar o assunto e tampouco firmar convicções sobre a minha opinião. Tenho como objetivo levar a minha interpretação sobre uma parcela dos acontecimentos recentes no Brasil para que cada leitor possa fazer suas próprias reflexões e tirar conclusões, que podem ser de concordância ou discordância.

Antecipo que o conteúdo desse livro poderá não ser novidade para o leitor, mas, penso eu, que tem o seu mérito, na medida em que se propõe juntar um conjunto de acontecimentos em um único documento. Não me preocupei com concordância gramatical, nem mesmo com ortografia clássica. Simplesmente desenvolvo as ideias como se estivesse conversando com as pessoas.

Tomei a liberdade de emprestar conteúdos de diversos autores de artigos que li e reli para compreender a dimensão e profundidade dos seus comentários. Também usei os diversos meios de comunicação para extrair dados e fazer as análises para expressar minha opinião. É possível que eu possa ter cometido alguns equívocos de interpretação nos dados pesquisados, e, se você leitor perceber, por favor, ignore, prenda-se na ideia que o conteúdo pretende expressar.

Todas as informações utilizadas nesse livro são de fontes extremamente confiáveis, como por exemplo, Fundo Monetário Internacional, Advocacia Geral da União, Portal da Transparência, dados da Revista Veja, ente outros, que o leitor poderá ver na bibliografia. Portanto, sou o único responsável pelos erros e acertos nesse livro, isentando, desde já, qualquer veículo de comunicação de onde extraí as informações.

Gostaria de enfatizar ainda que não se trata de um livro técnico ou uma obra acadêmica – com fundamentos macroeconômicos – e sim de uma exposição da ambiência nacional, sob a ótica de quem vive e carrega os impactos dos mandos e desmandos dos políticos (eleitos pelo povo pelo voto direto) desse país. Me sinto à vontade para poder compartilhar com cada um dos brasileiros as minhas opiniões.

Aos leitores, peço para que dediquem algum tempo para ler este material e tirar suas próprias conclusões. Estou certo que não é uma obra acabada, mas poderá ser se cada um dos leitores se engajarem de corpo e alma para mudar esse estado de coisas. Boa leitura.

IV
Agradecimentos

A O LEITOR, AGRADEÇO ANTECIPADAMENTE PELA aquisição deste livro sobre o momento político, econômico e social que o país atravessa. A leitura deste material é importante na medida em que não é uma obra acadêmica técnica e conclusiva e sim um ensaio escrito por um brasileiro, que enxerga o Brasil do momento em acelerada decadência.

Esta é a minha opinião e não significa a verdade absoluta, razão pela qual e, na medida em que você ler, poderá concordar, discordar ou mesmo fazer correções. No entanto, o mais importante é disseminar ideias que possam construir um Brasil melhor, para nós e para nossos filhos.

Agradeço, ainda que de forma anônima, a todos os canais de comunicação e literatura que utilizei para produzir esse material sobre o momento político, econômico e social do país.

Peço desculpas, antecipadamente, a cada meio de comunicação, autores de artigos, literaturas consultadas, enfim, se utilizei informações que não deveria. Sou responsável pelas análises e interpretações aqui expostas e me responsabilizo, integralmente, pelas consequências que possam advir do uso inadequado das informações.

V
Busca da identidade da sociedade

Preâmbulo

O PROCESSO DE MUDANÇA, SEJA ELE ESTRUTURAL ou cultural, é extremamente complexo. Ele é necessário quando as pessoas envolvidas realmente o percebem como necessário e querem mudar. Ele pode ser mais lento ou mais rápido, dependendo do nível de aceitação, envolvimento e mobilização para mudar. Mudança pressupõe coisas diferentes e desconhecidas e é natural ter medo do novo. No entanto, a beleza da mudança está em construir novas formas de encarar velhos problemas para obter melhores resultados. O novo pode causar medo, mas o conhecido pode nos manter no *status quo*. Uma excelente oportunidade para repensar a identidade da sociedade.

→ **Processo de mudança** – A força da sociedade no processo de mudança por meio da mobilização.

→ **A corrupção no Brasil** – O custo da corrupção para o Brasil e os impactos na sociedade.

→ **A impunidade no Brasil** – Por que a impunidade interessa ao Brasil e os impactos para a sociedade.

VI
Processo de mudança
A força da sociedade no processo de mudança

Sumário executivo

O PAÍS ESTÁ EM ACELERADO PROCESSO DE DECAdência estrutural e cultural e a sociedade sendo levada aos mais profundos recantos do desconhecido. Neste item, faço uma breve análise do processo de mudança para que a sociedade perceba a força e a responsabilidade que dispõe para mudar o rumo do país. A sociedade precisa ter clara a razão para mudar, para tanto, é preciso compreender o seu papel na construção de um Brasil melhor.

A força da sociedade no processo de mudança

Em primeiro lugar, gostaria de fazer uma breve definição de processo. Significa dizer que processo é uma sequência de acontecimentos estruturados e interligados, que estão relacionados entre si, que em cada etapa do processo consomem recursos para converter uma ou mais variáveis em um produto final.

Posto isso, pergunto: A sociedade está mobilizada para construir um país melhor? As diferentes regiões do país estão em busca de algo melhor? Quanto forte ou quanto fraca é a sociedade brasileira para mudar um país? Quando um país precisa ser mudado? Qual é o papel da sociedade na melhoria da qualidade dos serviços públicos? Como a sociedade pode contribuir para a redução da corrupção? Como reduzir a impunidade no país?

Enfim, uma infinidade de perguntas pode ser feita com o intuito de analisar o quanto uma sociedade está mobilizada para construir com assertividade o futuro do país. Se tomarmos como exemplo o Brasil, que passa por um momento extremamente repugnante, na medida em que a corrupção e a impunidade se alastram à velocidade da luz em todas as esferas dos Poderes, seja ele o Executivo, o Legislativo, o Judiciário. Também, a exemplo do Brasil, tantos outros países da América Latina, América Central, África e Ásia, apenas para citar alguns continentes que convivem com essas características, que os levam à desigualdade social e à concentração de renda.

Nos países citados acima, não tem sido diferente, talvez um pouco pior, na medida em que vemos migrações desenfreadas para os diversos países em que a corrupção e a impunidade foram erradicadas quase que na sua totalidade. É triste ver famílias inteiras serem jogadas na marginalidade, outros tantos pais de família deixando para traz esposas e filhos para buscar novas oportunidades em países distantes daquele em que nasceu e deveriam ter orgulho de viver.

O sofrimento é tamanho, que os atos a serem praticados por esta leva de migrantes ainda são desconhecidos e continuarão, enquanto não houver uma voz que se levante a favor deles.

Ora, se voltarmos os olhos para o Brasil, há fortes indícios que o país caminha a passos largos para a desestruturação social com consequências gravíssimas a curto e médio prazo. Em uma situação como essa, a sociedade pode ficar assistindo e/ou revendo o filme de forma confortável em sua cadeira de balanço, ou pode se concentrar em torno de um objetivo comum para dar um basta nisso tudo. Caso contrário, este ou qualquer outro país com estas características pode ser levado para as profundezas da escuridão e o retorno custara caro e será muito doloroso e amargo.

Nada, absolutamente nada, é mais importante que a sociedade unida em torno do objetivo que busca a compreensão da cidadania e a continuidade de um país inovador e com perspectiva de futuro no curto, médio e longo prazos. Assim sendo, quando a sociedade começa a ser dividida entre nós e eles, esfacelada pela ausência de educação de qualidade, ausência de segurança pública como instrumento da paz social, desigualdade social, saúde pública como referência de falta de qualidade de vida, um sistema judiciário inoperante – conforme define a Constituição Federal de 1988, então é chegado o momento da mudança. Entendo que podemos **pedir** e ou **exigir** mudanças, mas também entendo que devemos fazer a mudança.

Quando podemos exigir a mudança? Na medida em que a sociedade se une, fortalecendo os laços de pertencer, facilita reivindicar serviços de qualidade e colocar as demandas que incomodam a sociedade, se fortalece para fazer cobranças aos agentes políticos eleitos pelo voto direto, traz à tona o **poder** da sociedade que foi delegado aos políticos, e, sem dúvida, estabelece uma relação no campo interpessoal que jamais poderá ser quebrada por um jato d'água ou mesmo uma bomba de gás.

É a sociedade em busca dos seus direitos e exigindo do Estado o cumprimento dos seus deveres, que devem ser traduzidos em serviços públicos de qualidade, agilidade no atendimento das demandas da sociedade e fundamentalmente respeitando cada uma das etnias instaladas no país.

E quando podemos fazer a mudança? Na exata medida em que mudamos a nós mesmos. É preciso sair da nossa concha de individualidade e participar da concha da coletividade. Lembro que a soma das potencialidades individuais é maior que o todo possível. Portanto, penso ser necessária a revisão de alguns valores. Uma revisão de como enxergar a corrupção e a impunidade, aceitar que não é possível levar vantagem em tudo, combater, sistematicamente, o incorreto, e, fundamentalmente, assumir a postura de construção e não da destruição dos valores sociais que são a base de uma nação desenvolvida. A construção de um país rico em seus valores sociais, sólido na economia, íntegro nas instituições jurídicas e justo na distribuição de renda começa em casa. É a educação influenciando na construção do coletivo na sociedade.

VII

A corrupção no Brasil
O custo da corrupção para a sociedade

Sumário executivo

A CORRUPÇÃO É UM FENÔMENO SOCIAL, POLÍTICO e econômico que afeta país. Ela enfraquece as instituições democráticas, atravanca o desenvolvimento econômico e contribui para a instabilidade política. A corrupção alimenta a desigualdade social e coloca o Estado de Direito em descrédito. Também mata, na medida em que o dinheiro é desviado para o enriquecimento ilícito. Diga **não** à corrupção. O custo da corrupção está fora de controle.

O custo da corrupção para a sociedade

Quando um país se envolve em um emaranhado de escândalos públicos (processo estruturado) e isso se torna uma situação constante, é possível que tenha a ver com seu DNA do passado. No entanto, a corrupção é muito mais profunda que isto.

Tenho convicção que muito pouco se sabe sobre a corrupção que assola países, sejam eles desenvolvidos, em desenvolvimento ou subdesenvolvidos, porque muito pouco dos esquemas de corrupção se tornam públicos. Posso afirmar, com certeza absoluta, que uma grande parcela destas falcatruas (corrupção) ficam escondidas nas mais profundas entranhas do poder, sejam elas no serviço público ou na iniciativa privada.

A corrupção se estabelece nos diversos segmentos da sociedade, ou seja, ela está presente no ambiente político (1), no ambiente dos valores sociais da sociedade (2) e no ambiente da iniciativa privada (3). A corrupção sempre terá duas dimensões, ou seja, um corrompendo e outro sendo corrompido.

1

Se tomarmos a corrupção no **ambiente político,** vamos nos deparar com ela em nossas salas de estar, em nossos momentos de descanso, quando os meios de comunicação entram sala adentro, sem pedir licença, e estampam para quem quiser ver e ouvir as mazelas políticas e os escândalos com o dinheiro público. Dinheiro que é produto da arrecadação de tributos pagos pela sociedade. Ainda na esfera política, os governos fatiam o poder para apadrinhar partidos políticos com o firme propósito de obter a tão sonhada governabilidade. Neste caso, não importam os interesses e as demandas da sociedade, interessa apenas que os interesses partidários sejam atendidos.

Nesta esteira, nasce a distribuição de cargos públicos, comissionamentos, cargos de confiança e tantos outros interesses para agregar custos à sociedade. Este fato tende a estar presente nas diversas esferas de poder do Estado, seja no Executivo, Legislativo e Judiciário.

E a corrupção no ambiente político, onde está?

Se tomarmos como exemplo o Brasil, no período 2002/2015, uma infinidade de escândalos públicos veio à tona, após a denúncia de um político descontente com a sua fatia de ganho no processo de corrupção.

A partir dessa denúncia, ficou evidenciado no país uma série de escândalos, a exemplo de: Mensalão, Petrolão, Eletronuclear, Empreiteiras, a Indústria da multa e tantos outros aqui não mencionados. Ainda estão por vir muito mais, pois até agora só se conhece a ponta do *iceberg*.

Ainda que de forma tímida, algumas punições já foram aplicadas, no entanto, o volume de dinheiro desviado pela corrupção não retornou aos cofres públicos.

Estima-se que no Brasil 2,3% do Produto Interno Bruto é desviado neste processo de corrupção, o que equivale dizer que são desviados por ano algo como 110 bilhões de reais, naturalmente enriquecendo partidos políticos, políticos eleitos pelo povo, agentes públicos em cargos de confiança e tantos outros, enquanto a sociedade continua privada de escolas públicas de qualidade, hospitais de referência, sistema de transporte que respeite a dignidade das pessoas e segurança pública para manutenção da paz social.

Ainda assim, a sociedade continua sendo extorquida com altos tributos para sustentar esse estado de desmandos. Os corruptos desenvolvem estratégias para se locupletarem com o dinheiro público, que é da sociedade, ou seja, do povo que paga impostos para receber serviços de qualidade em troca.

A arrecadação dos impostos/tributos deveria se traduzir em: financiamento e construção de hospitais, saneamento básico, escolas públicas de qualidade, infraestrutura, segurança pública, transportes e tantas outras demandas almejadas pela sociedade, com a finalidade de dar e melhorar constantemente a qualidade de vida do povo.

2

E a sociedade, como se comporta diante de fatos como esses?

Em países desenvolvidos, a sociedade se mobiliza com a força de um gigante e se planta nas ruas para semear sua insatisfação com os fatos e colher os frutos desta União para preservar e melhorar seus direitos como cidadão.

O fato é que, nestes casos, o Estado quase sempre reanalisa o contexto e volta atrás, preservando os direitos e interesses da sociedade. Quando se trata de punir alguém ou alguma instituição, eles são exemplares. Buscam a devolução dos valores que foram desviados e são rígidos na punição penal.

Os envolvidos são condenados e presos em regime fechado, sem direito à redução de pena ou prisão domiciliar. Em alguns países em que os valores sociais são muito fortes, pode até levar o envolvido no escândalo ao suicídio.

Em países em desenvolvimento ou subdesenvolvidos, a sociedade tem se limitado a assistir os desmandos praticados pelos políticos, fazendo orações para Deus e acreditando que algum dia vai melhorar. Continuam permitindo que os políticos exerçam suas atividades ilícitas na certeza da impunidade.

Em países em que o congresso nacional é eleito pelo voto direto, estatisticamente comprovado, uma boa parcela dos políticos eleitos tem condenação penal ou estão em processo de serem condenados, enquanto que, em regimes totalitários, a mordaça encobre todos aqueles que estão ou estiveram em dívida com a justiça.

Países onde a corrupção está evidenciada e a sociedade marginalizada, a fórmula utilizada é a clássica regra do poder, ou seja, manutenção do cabide de empregos, enriquecimento ilícito de uma minoria, inchaço da máquina administrativa, obras faraônicas que levam do nada a lugar nenhum, serviços públicos complexos e de difícil acesso, fatiamento dos cargos políticos, judiciário amordaçado pela inoperância, controle dos meios de comunicação, só para citar algumas regras.

E a corrupção na sociedade praticada pelo cidadão, onde está?

Está no comportamento daquele que: compra produtos falsificados ou que advêm de roubo, oferece gratificação a um policial para evitar a multa, oferece uma gorjeta ao garçom para ser bem atendido, usa de influência de políticos para quebra-galho, tem como premissa de vida querer levar vantagem em tudo e tantos outros.

Na medida em que a sociedade é conivente com este estado de coisas, seja na esfera pública ou na esfera empresarial, está compactuando com o processo de corrupção endêmica que se instala nos países. É a sociedade – cidadão – envolvida no processo de corrupção em todas as esferas.

3

E como fica a corrupção no mundo empresarial/iniciativa privada?

Quase que diariamente vemos nos meios de comunicação a sociedade sendo convidada para *recall* de veículos, redução do peso de embalagens com a manutenção dos preços, falsificação de produtos, doações clandestinas a partidos políticos, trabalho escravo, salários insignificantes, sobre preços em obras públicas, enfim, uma infinidade de desmandos no mundo empresarial.

Na verdade, quando falamos em corrupção empresarial, a sociedade tende a se colocar fora do problema, o que a leva a um engano crasso, porque quem paga a conta no final do dia continua sendo a sociedade. Os custos dos produtos são elevados sistematicamente, impactando de forma significativa o orçamento doméstico, tirando do cidadão poder de compra para que as empresas possam compor o lucro do negócio.

É natural que o empresariado vise o lucro, até porque eles não são instituições de caridade, mas é importante lembrar que o lucro existe porque existe o consumidor. Quem faz o lucro do empresário é o consumidor – fazendo uma simples comparação, é o mesmo princípio da arrecadação de tributos que a sociedade paga ao governo – razão pela qual têm direitos, enquanto o empresariado deveres de colocar no mercado produtos e serviços de qualidade.

Neste caso, o combate à corrupção parece ser mais simples, porque o consumidor pode deixar de adquirir produtos ou serviços cuja qualidade seja duvidosa. No entanto, no meu entendimento e penso que no da sociedade também, a mobilização coletiva é e sempre será mais forte que a mobilização individual.

Lembro ainda, que na esfera empresarial, em um sistema capitalista em qualquer lugar do mundo, o lucro deve representar o retorno do investimento. A responsabilidade social do empresariado deve ter limites, na medida em que se quer construir a longevidade do negócio.

Onde aparece ou se destaca a corrupção na esfera empresarial/iniciativa privada?

Nos cartéis que são constituídos para definir preços, na utilização de falhas nas legislações locais, na infinidade de recursos jurídicos para postergar pagamentos e obter vantagens financeiras. Lucros exorbitantes além do retorno sobre o investimento, remessa de lucros ao exterior, pagamentos de *royalties*, não repasse de dividendos aos acionistas minoritários e prática de caixa dois.

Doações escamoteadas em forma de contribuição oficial a determinada instituição ou agente público, utilização de trabalho escravo, lucro escondido através do balanço, entre tantos outros.

O meu entendimento é que o povo poder ser pacífico, jamais omisso, diante de situação tão constrangedora que remete a sociedade ao escárnio do ridículo nos diversos cantos do mundo. O povo precisa tomar em suas mãos o futuro do país em que vive, pois é dele que emana o poder de continuidade.

Seja qual for o modelo de governo instalado, a vontade do povo deve ser soberana, deve estar acima de qualquer governo, seja na democracia ou no totalitarismo.

A nação deve ser maior que isso tudo. Portanto, o papel da sociedade é fundamental neste processo – a União – baseado nas demandas e exercido de forma pacifica para transformar a sociedade para melhor.

Lembro que a formação de uma nação é muito maior que a força de um governo, assim como a força das ideias é muito maior que a força do aço.

Veja o que seria possível fazer com os 110 bilhões de reais desviados com a corrupção no Brasil

→ Construir 1.800.000 (um milhão e oitocentas mil) casas de 60 metros quadrados para a população todo ano. Estima-se que o déficit habitacional no Brasil é de 5.4 milhões (cinco milhões e quatrocentos mil) de moradias. Em três anos teríamos o problema do déficit habitacional resolvido.

→ Construir 742 (setecentos e quarenta e dois) hospitais por ano com 100 leitos, equipado com tecnologia de ponta e mão de obra especializada, com salário médio *per capita* mês de R$ 15.000,00 mensais. O Brasil tem aproximadamente

6.000 municípios. Em mais ou menos seis anos cada município teria o seu hospital de referência. (Estão incluídos no custo: a construção, manutenção predial, equipamentos e mão de obra necessária para manter as atividades).

→ Construir 2.800 (duas mil e oitocentas) escolas com 40 salas, área de esportes e lazer. Cada sala com 25 alunos, em período integral, teríamos 1000 alunos por escola. Os professores com salário médio *per capita* mês de R$ 10.000,00 reais. (Estão incluídos no custo: a construção, manutenção predial, equipamentos e mão de obra necessária para manter as atividades).

→ Construir 12.800,00 (doze mil e oitocentos) postos de saúde por ano com 10 especialidades, equipado e com salário médio *per capita* de R$ 30.00,00 (trinta mil reais). Se o Brasil, segundo o IBGE, tem aproximadamente 6.000 municípios, em um ano cada município teria dois postos de saúde com dez especialidades. (Estão incluídos no custo: a construção, manutenção predial, equipamentos e mão de obra necessária para manter as atividades).

→ Construir 1.100 (hum mil e cem) quilômetros de metrô por ano ao custo de 100 milhões de reais o quilometro construído. Veja que loucura, em três a quatro anos teríamos metrô em todos os municípios do Brasil.

→ Contratar 305.000 (trezentos e cinco mil) médicos por ano, com salário médio de R$ 30.000,00 reais para suprir as necessidades do país. Atualmente, o Brasil tem 1,83 médicos para mil pessoas, segundo o Ministério da Saúde. Em dois anos, teríamos 3,66 médicos para mil pessoas. Teríamos uma saúde de primeiro mundo, ou quem sabe ainda melhor.

→ Contratar todo ano 611 (seiscentos e onze mil) professores com salário médio por professor de R$ 15.000,00 por mês. A educação teria uma evolução fabulosa no país, tirando da ignorância uma grande parcela da população.

→ Contratar todo ano 900 (novecentos mil) policiais com salário médio de R$ 10.000,00 reais para garantir a paz social, reduzir significativamente os índices de roubo à mão armada, latrocínios, assaltos a bancos, roubo de cargas etc.

Naturalmente, a análise feita acima é considerando cada um dos fatos isoladamente. Um governo sério, não corrupto, pode endereçar este volume de dinheiro, conforme as prioridades do país, de forma a encontrar o melhor balanço na qualidade de vida da sociedade.

O dado relevante é que a corrupção consome recursos da sociedade de forma devastadora. Esse volume de dinheiro é do povo brasileiro e está indo para o ralo da corrupção.

Não é mais possível conviver com isso. É o seu dinheiro, o meu dinheiro, o nosso dinheiro, é o dinheiro do cidadão brasileiro honesto que está alimentando um pequeno grupo de corruptos, desonestos, enquanto a sociedade fica à deriva e não se manifesta de forma contundente para mudar esse estado de desmandos no país.

VIII
A impunidade no Brasil?
Por que a impunidade interessa ao Brasil e os impactos para a sociedade.

Sumário executivo

A PERCEPÇÃO DE IMPUNIDADE NO PAÍS É GENERAlizada. Este sentimento tem gerado descrença nas instituições democráticas encarregadas de aplicar a lei e a ordem, de proteger os direitos civis da sociedade consagrados na Constituição Federal de 1988. O fato é que, no rastro da impunidade, os atos ilícitos estão aumentando assustadoramente. Está na hora de o país adotar a política de Tolerância Zero para garantir um mínimo de conforto para a sociedade. O custo da impunidade está sendo elevado exponencialmente no país.

Porque a impunidade interessa ao Brasil?

A impunidade toma conta do país de ponta a ponta, causando prejuízos à sociedade como um todo. O sentimento instalado no Brasil é de que as penas aplicadas, a lentidão da justiça e as leis são extremadamente favoráveis aos criminosos – aqueles que de alguma forma cometeram, cometem ou cometerão um ato ilícito – e estão deteriorando a sociedade brasileira.

Esse estado de sensação de impunidade contraria a Constituição Federal do Brasil de 1988, pois os agentes políticos eleitos pelo povo, que são responsáveis pela elaboração e aplicação da lei penal e processual, nada fazem para restabelecer a vontade do povo.

Ora, conforme a Constituição Federal do Brasil, todo **Poder** emana do povo e os agentes políticos são meros representantes do povo, então é chegada a hora de exigirmos este direito.

Tentativas de melhorar o novo código de processo penal têm sido feitas, só que, diferentemente do esperado pela sociedade, têm, na verdade, aumentado as garantias daqueles que cometem ilícitos – os criminosos – como se as que já existem não fossem suficientes. É preciso que se entenda que o criminoso não deve ser preso somente com a condenação. A razão da prisão não é apenas a punição/retribuição pela condenação, mas também a prevenção e paz social, pois se o criminoso permanecer em liberdade durante o inquérito policial ou processo, poderá continuar a praticar crimes.

Em determinadas situações, pelo passado do criminoso e pela forma de vida e atuação nos crimes, já é possível perceber que ele não pode permanecer em liberdade, sob pena de perdermos vidas inocentes, a exemplo do que tem acontecido no país.

A punição ao cidadão que pratica um ato ilícito não pode ser aplicada apenas aos mais pobres. É fundamental que a lei seja aplicada com efetividade para todos, sem distinção de cor, raça, sexo, condição social, origem, religião ou idade. Ora, é tão evidente e notória a opinião popular, que sinceramente não é possível entender a razão pela qual a maioria dos políticos e juristas insistem em contrariá-la.

Também gostaria de enfatizar que uma condenação não significa a desestruturação daquele que foi condenado, na verdade ela deve ter caráter punitivo e educativo no processo de prestação de contas do ato ilícito cometido para a sociedade. Penso que uma boa parcela dos condenados está completamente esquecida em nosso sistema carcerário penal e o projeto do novo código de processo penal não procurou lhe dar dignidade e proteção.

Veja os custos que a sociedade brasileira está submetida neste país

→ A morosidade na justiça, seja ela qual for – trabalhista, civil, penal, processual, eleitoral etc. – alienada aos anseios da sociedade por falta de profissionais, excesso de recursos e penas brandas, destroem vidas, na medida em que os processos levam anos e anos para serem concluídos, seja por uma decisão favorável ou desfavorável.

→ Segundo o Portal da Transparência, mais ou menos 40% dos políticos possuem condenação judicial em primeira instância na justiça, sendo que uma parcela significativa deles já é condenada também em segunda instância. Um cidadão comum com condenação por delito leve não consegue encontrar emprego, no entanto, os políticos condenados continuam sendo eleitos pelo povo. Há algo muito errado nisso. A sociedade precisa rever seus valores.

→ Uma infinidade de prestadores de serviços para o Estado rompe contratos ou não entregam obras, conforme especificado na contratação, e sequer são responsabilizados e punidos por isso. É o dinheiro público sendo drenado pela falta de impunidade.

→ Diariamente vemos nos meios de comunicação Senadores, Deputados, Governadores, Prefeitos e agentes públicos sendo acusados e condenados por desvio de verbas públicas ou pela malversação do dinheiro público. Hábeis advogados reconduzem esses políticos aos respectivos cargos para continuarem com o enriquecimento ilícito.

→ Evasão de divisas – com a conivência do Banco Central e bancos privados – para o exterior sem a respectiva contrapartida no recolhimento dos impostos devidos. Estima-se que mais de 200 bilhões de dólares já trilhou este caminho e continuará trilhando por falta de punição.

→ Obras e mais obras que foram iniciadas a valores astronômicos e que estão paradas há mais de 10 anos. O dinheiro público sendo consumindo de forma irresponsável na construção de obras que nos levam do nada a lugar nenhum. No entanto, os administradores continuam curtindo seus carros de luxo e seus iates nos verdes mares do Brasil e do mundo.

→ Nos meios de comunicação, sejam eles escritos, falados ou televisados, encontramos reportagens com meias verdades. Esses canais de comunicação são concessão do Governo Federal, portanto do povo, logo, deveriam estar a serviço da sociedade e não da impunidade.

→ No Sistema Judiciário, é possível usar de recursos e mais recursos para protelar um julgamento ou mesmo uma decisão judicial, tudo isso em prol do amplo direito de defesa. Enquanto isso, poucos ou quase nenhum políticos que fizeram uso do dinheiro público em benefício próprio são condenados e o cidadão honesto, que espera uma sentença sobre seus direitos, não consegue usufruir da mesma em vida.

→ Empresas e mais empresas que desrespeitam o Código do Consumidor, a exemplo das empresas de telefonia celular, meios de comunicação que publicam meias verdades, empresas de televisão a cabo, empresas de energia elétrica, empresas de saneamento – água e esgoto – e tantas outras que reduzem o peso dos alimentos nas embalagens e falsificam produtos comprometendo a saúde da sociedade. No final do mês, a conta aparece para o cidadão pagar, mas a qualidade de serviço continua comprometida.

→ Bandidos e mais bandidos, tanto adultos quanto menores de 18 anos, que são presos em flagrante delito ou mesmo confessam o crime praticado dias depois de cometido, entram e saem pelas portas da frente de nossas delegacias em todo território nacional.

→ Quadrilhas e mais quadrilhas administrando o crime na sociedade através das grades do sistema prisional brasileiro. Tudo acontece com a conivência dos administradores locais, na certeza de que jamais serão punidos por isso.

Enfim, poderia listar aqui uma infinidade de exemplos em que a impunidade está presente. No entanto, mais importante que a lista de impunidade que poderia preencher páginas e mais páginas deste livro, é a necessidade de a sociedade levantar a voz contra tudo isso. Não é mais factível pagar esta conta. Uma sociedade precisa de valores sociais fortes, um judiciário célere e integro e uma economia forte para garantir qualidade de vida para o povo.

Vamos nos envolver, brigar seja com quem for, exigir nossos direitos para mudar a tendência que vigora neste país, ou seja, que o criminoso deve ter cada vez mais liberdade, direitos e garantias e a sociedade cada vez mais presa, com medo e sem direitos e garantias.

Está na hora de o estado fazer fortes investimentos na reestruturação das Polícias Civil, Militar e Federal e nas leis, para garantir a integração das polícias, mais independência e a efetividade para fazer a prevenção, investigação e solução dos crimes.

IX
Estabelecendo parâmetros
Definições

Sumário executivo

A O LONGO DOS DIVERSOS CAPÍTULOS UTILIZO expressões do tipo, impunidade, corrupção, agente político, agente público, servidor público, ignorância, motivação etc. para descrever uma determinada situação. Tomei o cuidado de neste bloco transcrever algumas definições para que o leitor tenha a clara compreensão das minhas intenções. Não existe aqui nenhum julgamento de valor, mas tão somente o que acredito, para situar o meu posicionamento em relação as palavras.

→ Definição de impunidade
→ Definição de corrupção
→ Definição de agentes políticos e agentes públicos
→ Definição de ignorante/ignorância
→ Definição Motivação

→ Papel do Tribunal de Contas da União – TCU

P. S.: Se o leitor estiver familiarizado com esses conceitos, recomendo que dispensa esta etapa da leitura.

Definição de impunidade

Condição de impune; em que há impunidade; ausência de punição; sem castigo. Qualidade ou particularidade de impune; em que há tolerância ao crime. *(Definição Dicionário da Língua Portuguesa)*

É um conceito que pode ter um sentido objetivo (técnico) ou um sentido subjetivo (ligado a impressões individuais).

Do ponto de vista técnico, a impunidade consiste no não cumprimento de uma pena por alguém formalmente condenado em virtude de um delito.

Do ponto de vista subjetivo, a impunidade consiste na sensação compartilhada entre os membros de uma sociedade no sentido de que a punição de infratores é rara e/ou insuficiente. Disso deriva uma cultura marcada pela ausência de punição ou pela displicência na aplicação de penas.

Definição de corrupção

É o efeito ou ato de corromper alguém ou algo, com a finalidade de obter vantagens em relação aos outros, por meios considerados ilegais ou ilícitos. *(Definição Dicionário da Língua Portuguesa)*

Etimologicamente, o termo "corrupção" surgiu a partir do latim *corruptus*, que significa o "ato de quebrar aos pedaços", ou seja, decompor e deteriorar algo. A ação de corromper pode ser entendida também como o resultado de **subornar**, dando dinheiro ou presentes para alguém em troca de benefícios especiais de interesse próprio. A corrupção é um meio ilegal de se conseguir algo, sendo considerado grave crime em alguns países. Normalmente, a prática da corrupção está relacionada com a baixa instrução política da sociedade, que muitas vezes compactua com os sistemas corruptos.

A corrupção na política pode estar presente em todos os poderes do governo, como o Executivo, Legislativo e Judiciário. No entanto, a corrupção não existe apenas na política, mas também nas relações sociais humanas, como o trabalho, por exemplo. Para que se configure a corrupção, são precisos no mínimo dois atores: o corruptor e o corrompido, além do sujeito conivente e o sujeito irresponsável, em alguns casos.

- → Corruptor: aquele que propõe uma ação ilegal para benefício próprio, de amigos ou familiares, sabendo que está infringindo a lei.

- → Corrompido: aquele que aceita a execução da ação ilegal em troca de dinheiro, presentes ou outros serviços que lhe beneficiem. Este indivíduo também sabe que está infringindo a lei.

- → Conivente: é o indivíduo que sabe do ato de corrupção, mas não faz nada para evitá-lo, favorecendo o corruptor e o corrompido sem ganhar nada em troca. O sujeito conivente também pode ser atuado e acusado no crime de corrupção, segundo legislação em vigor no país.

- → Irresponsável: é alguém que normalmente está subordinado ao corrompido ou corruptor e executa ações ilegais por ordens de seus superiores, sem ao menos saber que esses atos são ilegais. O sujeito irresponsável age mais por amizade do que por profissionalismo.

A corrupção ainda pode significar o desvirtuamento e a devassidão de hábitos e costumes, tornando-os imorais ou antiéticos.

Definição de agentes políticos, agentes públicos e servidores públicos

O agente político é aquele detentor de cargo eletivo, eleito por mandatos transitórios, como os Chefes de Poder Executivo e membros do Poder Legislativo, além de cargos de Ministros de Estado e de Secretários nas Unidades da Federação, os quais não se sujeitam ao processo administrativo disciplinar. *(Definição da Advocacia-Geral da União)*

O agente público é todo aquele que presta qualquer tipo de serviço ao Estado, funções públicas, no sentido mais amplo possível desta expressão, significando qualquer atividade pública. A Lei de Improbidade Administrativa (Lei nº 8429/92) conceitua agente público como "todo aquele que exerce, ainda que transitoriamente ou sem remuneração, por eleição, nomeação, designação, contratação ou qualquer outra forma de investidura ou vínculo, mandato, cargo, emprego ou função nas entidades mencionadas no artigo anterior". Trata-se, pois, de um gênero do qual são espécies o servidor público, o empregado público, o terceirizado e o contratado por tempo determinado. *(Definição da Advocacia-Geral da União)*

Servidores públicos são ocupantes de cargo de provimento efetivo ou cargo em comissão, regidos pela Lei nº 8.112/90 e são passíveis de responsabilização administrativa, apurada mediante processo administrativo disciplinar ou sindicância de rito punitivo. *(Definição da Advocacia-Geral da União)*

Definição de ignorante/ignorância

Que ou quem ignora. Que ou pessoa que não tem instrução; inculto, iletrado. Que ou quem não tem conhecimento de determinada coisa. Inábil. *(Definição Dicionário Michaelis)*

- Estado de quem não está a par da existência ou ocorrência de algo.
- Estado de quem não tem conhecimento, cultura, por falta de estudo, experiência ou prática.
- Atitude grosseira; grosseria, incivilidade.

Ignorante é uma palavra que caracteriza uma pessoa que ignora, que não tem instrução, que é estúpido, tolo, inepto, imbecil e revela falta de saber, desconhecimento e imperícia. Em alguns casos, a palavra ignorante não possui um sentido tão pejorativo, podendo ser também a qualidade de alguém que é inocente e ingênuo. Esta palavra remete também para alguém que não conhece uma coisa por não ter estudado a respeito ou que apresenta comportamentos incivilizados e rudes. Existe uma diferença entre agir por ignorância e agir na ignorância.

Quem age por ignorância, age por falta de conhecimento, é forçado, tratando-se de uma ação involuntária.

Quem age na ignorância, age incivilizadamente de forma voluntária. O indivíduo ignorante vive ou atua de acordo com a ignorância, muitas vezes baseando a sua vida em preconceitos, superstições e ideias sem fundamento. Assim, ele constrói um mundo falso, com noção errônea a respeito dele mesmo e do mundo que o envolve. Esta forma de viver e de pensar do indivíduo ignorante o incapacita de ver e aceitar as verdades, e o impedem de adquirir conhecimento.

O influente filósofo grego Aristóteles afirmou: "O ignorante afirma, o sábio duvida, o sensato reflete". Esta afirmação revela que uma das bases da aquisição do conhecimento é ter dúvida. Se existe dúvida, há vontade de estudar, pesquisar, pensar sobre um determinado assunto. Isso é o que faz uma pessoa sábia e sensata. Alguém que pensa que já sabe tudo, não tem motivação para aprender e para evoluir, e revela, acima de tudo, uma atitude ignorante. Como diria o sábio filósofo Sócrates: "Só sei que nada sei". Só quem não é ignorante é capaz de fazer uma afirmação dessas.

Ignorante político – Bertolt Brecht, ilustre poeta, dramaturgo e encenador alemão, disse a respeito da ignorância de um político:

"O pior analfabeto é o analfabeto político. Ele não ouve, não fala, nem participa dos acontecimentos políticos. Ele não sabe que o custo de vida, o preço do feijão, do peixe, da farinha, do aluguel, do sapato e do remédio dependem das decisões políticas. O analfabeto político é tão burro que se orgulha e estufa o peito dizendo que odeia a política. Não sabe o imbecil que, da sua ignorância política, nasce a prostituta, o menor abandonado e o pior de todos os bandidos, que é o político vigarista, pilantra, corrupto e lacaio das empresas nacionais e multinacionais."

Definição de motivação:

Motivação é um impulso que faz com que as pessoas ajam para atingir seus objetivos. A motivação envolve fenômenos emocionais, biológicos e sociais e é um processo responsável por iniciar, direcionar e manter comportamentos relacionados com o cumprimento de objetivos.

Motivação é o que faz com que os indivíduos deem o melhor de si, façam o possível para conquistar o que almejam e, muitas vezes, alguns acabam até mesmo "passando por cima" de outras pessoas. A motivação é um elemento essencial para o desenvolvimento do ser humano. Sem motivação é muito mais difícil cumprir algumas tarefas. É muito importante ter motivação para estudar, para fazer exercício físico, para trabalhar etc.

A motivação pode acontecer por meio de uma força interior, ou seja, cada pessoa tem a capacidade de se motivar ou desmotivar, também chamada de automotivação, ou motivação intrínseca. Há também a motivação extrínseca, que é aquela gerada pelo ambiente que a pessoa vive, o que ocorre na vida dela influencia em sua motivação.

Papel do Tribunal de Contas da União – TCU

A Constituição Federal de 1988 conferiu ao TCU o papel de auxiliar o Congresso Nacional no exercício do controle externo. As competências constitucionais privativas do Tribunal constam dos artigos 71 a 74 e 161, conforme descritas adiante.

→ Apreciar as contas anuais do Presidente da República.

→ Julgar as contas dos administradores e demais responsáveis por dinheiros, bens e valores públicos.

→ Apreciar a legalidade dos atos de admissão de pessoal e de concessão de aposentadorias, reformas e pensões civis e militares.

→ Realizar inspeções e auditorias por iniciativa própria ou por solicitação do Congresso Nacional.

→ Fiscalizar as contas nacionais das empresas supranacionais.

→ Fiscalizar a aplicação de recursos da União repassados a estados, ao Distrito Federal e a municípios.

→ Prestar informações ao Congresso Nacional sobre fiscalizações realizadas.

- → Aplicar sanções e determinar a correção de ilegalidades e irregularidades em atos e contratos.
- → Sustar, se não atendido, a execução de ato impugnado, comunicando a decisão à Câmara dos Deputados e ao Senado Federal.
- → Emitir pronunciamento conclusivo, por solicitação da Comissão Mista Permanente de Senadores e Deputados, sobre despesas realizadas sem autorização.
- → Apurar denúncias apresentadas por qualquer cidadão, partido político, associação ou sindicato sobre irregularidades ou ilegalidades na aplicação de recursos federais.
- → Fixar os coeficientes dos fundos de participação dos estados, do Distrito Federal e dos municípios, e fiscalizar a entrega dos recursos aos governos estaduais e às prefeituras municipais.

X
Visão geral do país

Preâmbulo

Neste capítulo, trato das questões de governabilidade, equilíbrio econômico e o modelo político no país. É uma abordagem rápida, sem muita profundidade, até porque uma boa parcela da sociedade brasileira tem a dimensão do que está acontecendo no país. Considero relevante retomar alguns pontos para clarificar, para aqueles que ainda não detêm as informações, alguns pontos do nosso modelo político, econômico e social.

→ **Governabilidade** – país fatiado pela corrupção e amordaçado pela ignorância.

→ **Equilíbrio econômico** – Crescimento e sustentabilidade no curto, médio e longo prazos.

→ **Modelo político** – Visão simplificada do modelo de gestão dos bens públicos.

XI
País fatiado pela corrupção e amordaçado pela ignorância

Resumo executivo

NESTE CAPÍTULO, TRAÇO UM RÁPIDO PANORAMA do modelo de gestão dos bens públicos pelo atual governo instalado no poder. Não tem a pretensão de esgotar o assunto e tampouco trazer grandes novidades. Simplesmente me proponho a usar uma linguagem que possa ser mais palatável aos leitores de qualquer nível de qualificação acadêmica.

Fatiado pela corrupção e amordaçado pela ignorância

BRASIL – Um país carregado de desigualdades sociais, riqueza concentrada, fatiado junto aos partidos políticos, desacreditado nos cenários nacional e internacional, valores sociais corrompidos, sociedade submissa diante dos desmandos do governo.

Corrupção endêmica em nível municipal, estadual e federal, seja no Judiciário, Legislativo ou Executivo, evasão de divisas e um modelo de gestão política que envergonha qualquer um de ser brasileiro. Estão fazendo desse país uma vergonha nacional e internacional. Está na hora de dar um basta nisso tudo.

O país está vergonhosamente subordinado a uma estrutura de poder fatiada e corrupta, formada por uma quadrilha de delinquentes e dilapidadores do patrimônio nacional. Ela está entranhada em todas as esferas dos poderes Executivo, Legislativo e Judiciário, nas dimensões federal, estadual, municipal e, por que não dizer, em alguns setores da iniciativa privada.

Há uma grande preocupação, na medida em que, atualmente se discute nos diversos estratos da sociedade a possibilidade de uma intervenção militar no Brasil. Sem dúvida, nenhum de nós brasileiros gostaríamos de conviver com o passado e tampouco sermos cumplices de mais uma intervenção militar a exemplo do que já aconteceu, a mais recente, em 1964.

No entanto, sabe-se que esse é um momento diferente de 1964, não estamos aqui a falar de conflito de ideias, ou mesmo de uma filosofia de governo, o que estamos a falar é da solução de continuidade da democracia e dos valores sociais da nossa Pátria.

O governo instalado atualmente não possui ressonância positiva nacional, está desmoralizado e não contribui com a solução dos problemas. Na verdade, a cada novo dia que passa, produz mais escândalos e leva o Brasil para as entranhas da desigualdade social e para a escuridão de um país sem futuro.

Ora, isso tudo é muito triste para o povo brasileiro que tem respaldo e representatividade de acordo com a Constituição Federal do Brasil para poder influenciar um novo rumo e construir novos valores sociais.

A título de esclarecimento, ao longo deste ensaio vamos dar uma olhada em dois artigos da Constituição Federal do Brasil – 1988, ou seja, no preâmbulo, em conjunto com o artigo primeiro e no artigo 142, e fazer uma breve reflexão sobre eles.

XII
Crescimento e sustentabilidade de longo prazo

Resumo executivo

Neste capítulo, trato de como as restrições impostas pelo poder central, seja no Executivo, Legislativo e Judiciário, afetam a qualidade dos serviços públicos e, por extensão, a qualidade de vida da sociedade e ao mesmo tempo atravancam o desenvolvimento e o crescimento do país. Faço uma breve exposição de quatro reformas que considero fundamentais para reencontramos o caminho do crescimento no país.

Assegurando crescimento e sustentabilidade de longo prazo

Um número significativo de países, inclusive o Brasil, está em busca de um modelo para o crescimento acelerado de forma sustentada. Mas como e onde encontrá-lo? Não há dúvida que a eliminação da corrupção é um instrumento poderoso como ponto de partida.

Todos os países que de alguma forma combateram, eliminaram e/ou reduziram este mal – corrupção, também eliminaram as resistências que atravancam o crescimento sustentado de uma nação.

A corrupção está instalada no Brasil, nos diversos segmentos, tais como, Executivo, Legislativo e Judiciário, tanto nas esferas federal, estadual, municipal e em alguns segmentos da iniciativa privada.

Por esta razão, os políticos e empresários impõem a sociedade civil uma série de restrições*, seja na saúde, na educação, na segurança, no meio ambiente, na infraestrutura, na política, na justiça, enfim, em uma infinidade de segmentos da sociedade.

As consequências deste conjunto de restrições estão impactando de forma estarrecedora os direitos individuais e coletivo do povo brasileiro.

(*) Restrições – legislação em vigor que acorrenta e amordaça o desenvolvimento do país e limita os direitos individuais e coletivo da sociedade.

As restrições se caracterizam pela aprovação de decretos-lei e medidas provisórias que beneficiam aqueles que estão próximos ao poder, em detrimento da vontade da sociedade. Significa dizer que as restrições impostas pelos políticos são do jeito que eles querem e não como a sociedade precisa. Como vamos mudar isso?

A sociedade precisa compreender que ela tem o poder de decisão no processo democrático. Poder de decisão significa engajamento político, social e econômico. Está mais do que na hora de a sociedade dar um basta no que está instalado no Brasil. É preciso mobilização nacional para colocar para fora da gestão da coisa pública todos os corruptos e corruptores, assim como aqueles que estão no poder e não são capazes de interpretar e endereçar soluções para os assuntos de interesse da sociedade.

Esta é a oportunidade de o povo brasileiro se posicionar de forma segura e consistente diante dos desmandos da administração pública e dos desmandos na iniciativa privada. Para que isso aconteça, precisamos nos mobilizar em torno de um objetivo comum. **E qual seria esse objetivo comum?**

Há entendimentos dos mais diversos especialistas em gestão pública de que o Brasil precisa rever quatro pilares no seu modelo de administração, ou seja, precisa endereçar imediatamente reformas no campo social, político e econômico.

O Brasil precisa de planejamento de longo prazo – plano diretor para 20/30 anos – com prioridades estratégicas claramente definidas para atacar as causas dos problemas e não as consequências, como acontece atualmente. A título de exemplo, destaco algumas reformas/prioridades estratégicas que deveriam compor o plano de governabilidade, são elas:

Tolerância Zero

A impunidade no Brasil precisa ser erradicada o mais rápido possível. Aplicação da lei para todos os brasileiros, independente de sexo, raça, cor e religião ou posição na sociedade, sempre preservando a expressão da liberdade e o direito de ir e vir de cada cidadão, assim como o amplo direito de defesa. Não importa o tamanho do desmando praticado, ele precisa ser punido com o rigor da lei. Para tanto, faz-se necessária uma revisão completa dos Códigos Civil e Penal, assim como a estrutura do Judiciário brasileiro.

Reforma Política

O político precisa ser visto como um servidor do povo. Ele existe para defender e encaminhar os interesses da sociedade e não para tirar proveito da posição que ocupa por delegação do povo.

Deve tão somente ter o benefício à liberdade de expressão quando no exercício da função. Ademais, é um cidadão comum e, como tal, precisa estar sujeito às penas da lei. Assim sendo, rever urgentemente o modelo político que está instalado, de forma a acabar com as imoralidades praticadas pelos políticos em benefício próprio.

Reforma Tributária

Ajustar as receitas e as despesas do país, eliminando os ralos, de tal forma que a sociedade perceba e usufrua das vantagens – tributos arrecadados, gerando uma melhor qualidade de vida e crescimento sustentado do Brasil, reduzindo toda e qualquer possibilidade de sonegação fiscal/tributária e oportunidade de emperramento da máquina pública. Eliminar burocracias existentes atualmente que dificultam e atravancam o crescimento do país. Rever toda modelagem de tributação para que a distribuição de renda no pais seja mais justa e igualitária.

Reforma Social

Resgatar a identidade do povo brasileiro no sentido das práticas mais efetivas dos valores sociais, sejam eles, individual ou coletivo, restaurando o sentimento de pertencer, a cidadania e o exercício dos direitos e deveres com a sociedade. Gestão da coisa pública é uma relação de troca, onde, o povo paga impostos e espera receber em troca benefícios que os mantenham engajados na construção de um país melhor. Assim, a sociedade resgatará o orgulho de ser brasileiro.

Esses quatro pilares, se bem trabalhados, atacam diretamente as causas dos problemas que hoje atravancam o crescimento sustentado do país. A solução para o Brasil do futuro passa por questões que deverão trabalhar as causas dos problemas e não as consequências, razão pela qual o leitor pode se perguntar – Como fica a saúde, educação, segurança, transporte, moradia, meio ambiente, infraestrutura etc. Enfim, todas estas questões que os políticos utilizam em suas plataformas de governo quando das eleições, sejam elas municipal, estadual e federal. Não ficam! Elas são consequências.

Por que são consequências? Porque a Constituição Federal do Brasil já define o percentual do PIB a ser destinado para cada uma dessas áreas. Eliminando-se a corrupção e a sonegação fiscal, o PIB cresce automaticamente e os repasses para essas áreas aumentam substancialmente, como veremos mais adiante. Em um dos capítulos à frente, volto com as reformas para endereçar ações estratégicas para cada uma delas.

XIII
Modelo de gestão nos últimos anos

Resumo executivo

ESTE CAPÍTULO TRATA DE UMA BREVE ANÁLISE DOS mandos e desmandos no país nos últimos dez/treze anos. Esboça alguns comentários sobre os movimentos de massa da sociedade, como também a dificuldade de os governantes entenderem as mensagens enviadas pelos movimentos de rua. Endereço comentários sobre a necessidade de o país encontrar um líder que consiga aglutinar as forças da sociedade e da iniciativa privada para a construção de valores sólidos e de uma economia forte.

Uma visão simplificada do modelo de gestão nos últimos anos

O Brasil caminhou até recentemente na inércia das ações que foram desenvolvidas e aprovadas para erradicar a inflação no país. Na época foi criado um novo modelo econômico. Foram implantados sólidos pilares macroeconômicos para evoluir no crescimento e sustentabilidade do país.

Não podemos negar que a administração atual soube tirar proveito desse modelo por algum tempo. Infelizmente, essa administração que aí está foi incapaz de dar continuidade ao crescimento sustentado e isso se mede pela incompetência para liderar um país do tamanho do Brasil, com suas complexidades, fazendo da gestão pública uma desastrosa rede de corrupção e prejudicando o crescimento e a sustentabilidade do país. Aos poucos, a nação brasileira está perdendo sua identidade e sendo jogada na sarjeta da impunidade, provocando a descontinuidade da perspectiva do crescimento sustentado de longo prazo.

A sociedade brasileira vem assistindo de forma atônita a todo tipo de desmando neste país, seja no Poder Executivo, no Poder Legislativo ou no Poder Judiciário, tanto nas esferas federal, estadual e municipal.

Diariamente, a sociedade se alimenta com informações em todo tipo de canais de comunicação. Depara-se com um país cravejado de lideranças incompetentes e corruptas, tanto nas esferas da administração pública quanto da iniciativa privada, que se locupletam e enriquecem com o dinheiro do contribuinte (tributos x corrupção) sofrido, jogado na sarjeta e amordaçado pela ignorância.

Movimentos dos mais variados estão nascendo ou sendo orquestrados pela sociedade civil, no entanto, poucos resultados foram produzidos até o momento. Mais importante que os resultados que estão sendo produzidos, são os sinais enviados para as lideranças, que infelizmente não estão sendo capazes de decifrá-los ou não têm interesse.

Não se percebe voz alguma se levantando em nome do povo brasileiro para buscar alternativas de solução para o contexto atual, ou seja, os mais intoleráveis desmandos sociais, econômicos e políticos.

O Brasil precisa de um nome de alcance nacional capaz de levantar a voz em nome do povo brasileiro, para que possa ser retomada a esperança de construção de um novo modelo de fazer política no país.

Uma voz que seja capaz de aglutinar todos os segmentos da sociedade em torno de um objetivo comum – O Brasil do Futuro.

Uma voz que consiga traduzir os sinais enviados pela sociedade em propostas concretas de ação para atender às expectativas levantadas pela sociedade.

Uma voz para mostrar caminhos, enumerar e eliminar as falcatruas, assim como todas as consequências que advêm delas e que afetam o país e o povo brasileiro. Uma voz que passe credibilidade, confiança e que seja repleta de simplicidade, honestidade e competência.

Que fale com o coração para essa nação, desprovida de líderes carismáticos capazes de inspirar o povo brasileiro. (*) (**)

(*) Tome como exemplo o Papa Francisco. Homem culto de fala mansa, mas verdadeiro. Está fazendo uma revolução silenciosa na sua instituição. Estabeleceu um objetivo a ser conquistado, compartilhou com seus seguidores e está desenvolvendo e comunicando as ações para restabelecer o papel da instituição junto aos seus seguidores.

(**) Assim como o Papa Francisco, tantos outros líderes, sejam eles espirituais, governantes, empresários etc. também estão fazendo uma revolução silenciosa nos seus segmentos de atuação.

É disso que estou a falar. Precisamos de um líder/presidente que assuma a responsabilidade de conduzir o Brasil a um patamar de expressão nacional e, por conseguinte, global.

Para tanto, é preciso mais exposição, mais coragem, mais vontade de liderar os anseios da sociedade e, fundamentalmente, que traga na bagagem um objetivo claro e compreensível para aglutinar o povo brasileiro em torno da sua administração.

Um líder que envolva a sociedade e o empresariado para construir um Brasil melhor, inovador, rico nos valores sociais, sólido na economia, integro nas instituições jurídicas e justo na distribuição de renda.

Um líder que faça pelo excesso e não pela omissão. Um líder que possa conduzir essa nação a um patamar de excelência jamais visto neste país.

XIV
Constituição Federal do Brasil de 1988

Preâmbulo

A Constituição Federal é a carta magna da República Federativa do Brasil. Tomei como referência apenas dois artigos, ou seja, o artigo primeiro e o artigo 142º. Esses dois artigos combinados permitem uma visão bastante abrangente dos direitos da sociedade civil. Faço uma análise de cada um deles comparando a situação real com o conceito da Constituição Federal. É uma forma de contribuir com a sociedade sobre seus direitos e os deveres do Estado.

→ **Artigo 1º** – Visão geral do artigo primeiro da Constituição Federal do Brasil/1988. *(Transcrição da CFB)*

→ **Artigo 1º** – Breve análise dos itens I, II, III e IV da Constituição Federal do Brasil/1988.

→ **Artigo 1º combinado com o 142º** – Quando é possível destituir do cargo um político eleito pelo voto.

XV
Constituição Federal de 1988

Sumário executivo

ESTE CAPÍTULO PRETENDE ESCLARECER A SOCIEDAde do que se trata o artigo primeiro da Constituição Federal do Brasil de 1988. É para uma leitura simples, embora com a preocupação de profunda reflexão sobre os direitos da sociedade, seja no campo individual ou coletivo. A sociedade tem direitos e o estado deveres. É a transcrição do artigo primeiro da carta magna da República.

Constituição Federal do Brasil de 1988

Preâmbulo

Nós, representantes do povo brasileiro, reunidos em Assembleia Nacional Constituinte para instituir um Estado Democrático, destinado a assegurar o exercício dos direitos sociais e individuais, a liberdade, a segurança, o bem-estar, o desenvolvimento, a igualdade e a justiça como valores supremos de uma sociedade fraterna, pluralista e sem preconceitos, fundada na harmonia social e comprometida, na ordem interna e internacional, com a solução pacífica das controvérsias, promulgamos, sob a proteção de Deus, a seguinte CONSTITUIÇÃO DA REPÚBLICA FEDERATIVA DO BRASIL.

Dos Princípios Fundamentais

Art. 1º – A República Federativa do Brasil, formada pela União indissolúvel dos Estados e Municípios e do Distrito Federal, constitui-se em Estado Democrático de Direito e tem como fundamentos:

I – a soberania;
II – a cidadania;
III – a dignidade da pessoa humana;
IV – os valores sociais do trabalho e da livre iniciativa;
V – o pluralismo político.

Parágrafo único – Todo o poder emana do povo, que o exerce por meio de representantes eleitos ou diretamente, nos termos desta Constituição.

A Constituição Federal do Brasil de 1988 é o que existe de mais moderno no campo da ciência política em teoria. A seguir vamos falar um pouco de como ela está na prática.

XVI
Constituição Federal de 1988

Breve análise sobre os itens I, II, III e IV

I – a soberania;
II – a cidadania;
III – a dignidade da pessoa humana;
IV – os valores sociais do trabalho e da livre iniciativa;
V – o pluralismo político.

Resumo executivo

NESTE CAPÍTULO, FAÇO UMA ANÁLISE DOS ITENS acima e do parágrafo único da Constituição Federal do Brasil. A análise não tem a pretensão de ser conclusiva. É, na verdade, uma visão rápida de como estão cada um dos itens que compõem o artigo primeiro da Constituição Federal de 1988. É muito provável que o leitor tenha uma infinidade de outros pontos a agregar em cada um dos itens, razão pela qual sinta-se à vontade para acrescentar novos pontos durante a leitura.

Breve análise sobre os itens I, II, III e IV da Constituição Federal do Brasil de 1988

Soberania: A defesa do Brasil, através das forças Armadas – Aeronáutica, Exercito e Marinha – está sucateada por falta de investimento para aquisição e reposição de equipamentos para garantia da soberania nacional. É ridículo, na medida em que temos fronteiras desprotegias, seja a fronteira seca ou mesmo a fronteira molhada.

Nossa política de relações exteriores é o que existe de mais arcaico na história deste país. Falta de posicionamento em relação às atrocidades que estão ocorrendo no mundo. Tomam nossos bens no exterior e não nos posicionamos, ainda assim, enviamos dólares para eles continuarem a operação.

Cidadania: Povo brasileiro preso dentro de casa, rodeado por grades de segurança, enquanto a malandragem circula livremente pelas ruas das cidades e pelo Congresso Nacional, com o apoio das instituições Federal, Estadual e Municipal.

Depoimentos e mais depoimentos de brasileiros enojados com os desmandos no país e com vergonha de ser brasileiro. Fuga de capital para investimento em outros países, serviços públicos desmoralizados, educação de qualidade lamentável e vergonha de ser brasileiro.

Dignidade da pessoa humana: Maior parcela da sociedade brasileira mendigando atendimento hospitalar, morrendo por consumo de drogas por falta de ação do Estado, serviços públicos deteriorados e de péssima qualidade, ausência de saneamento básico, meio ambiente degradado, povo brasileiro submetido à vontade das minorias (políticos). Um país em que morre mais gente do que em qualquer guerra nos últimos cinquenta anos. Engessamento das políticas de desenvolvimento econômico e social, leis aprovadas no Congresso Nacional que impõem dificuldade para vender facilidades. Excesso de burocracia, impostos estratosféricos, divisão entre Nós e Eles, um país onde roubar e matar é políticamente admirável, censura aos meios de comunicação e até mesmo conivência dos meios de comunicação com esse estado de desmandos.

Pluralismo político: Atualmente são 32 partidos políticos registrados no Tribunal Superior Eleitoral. Todos imbuídos pela boa vontade, capacidade e habilidade de dilapidar o patrimônio nacional. Envolvidos em roubalheira, destruindo empresas estatais e aprovando leis de interesse próprio, enquanto a sociedade clama por mudanças, por um Brasil sustentável com visão de futuro, por serviços de qualidade e com um Brasil que se tenha orgulho de viver.

O Portal da Transparência mostra que aproximadamente 35% dos políticos tem processo e/ou condenação em primeira instância. Mostra também que um número significativo de políticos tem processo/condenação em segunda instância.

Parágrafo único: Todo o poder emana do povo, que o exerce por meio de representantes eleitos ou diretamente, nos termos desta Constituição.

Se todo poder emana do povo, é responsabilidade do povo eleger seus representantes. Parece meio óbvio, mas, às vezes, o óbvio precisa ser consistentemente compreendido.

Então, vamos eleger representantes íntegros e que estejam dispostos a dar uma contribuição para o crescimento do Brasil e pela melhoria de qualidade de vida para o povo brasileiro. Não sendo possível constatar esse empenho naqueles que escolhemos para nos representar, vamos exercer o nosso direito e retirá-los do poder, na medida em que eles não representam os interesses da sociedade. É o poder nas mãos do povo.

XVII
Constituição Federal de 1988

Breve análise sobre o artigo 142 da CFB/1988

Resumo executivo

Neste capítulo, faço uma abordagem sobre os direitos da sociedade, outorgados pela Constituição Federal do Brasil, e convido cada brasileiro a exercer seus direitos em detrimento do caráter dos nossos governantes. Também passo pela possibilidade de eliminar os agentes políticos e públicos corruptos, seja pela iniciativa individual ou coletiva, seja emprestando poder para outra instituição fazê-lo de forma estruturada.

Breve análise sobre o artigo 142º da CFB

Quando é possível destituir do cargo um político eleito

Art. 142. As Forças Armadas, constituídas pela Marinha, pelo Exército e pela Aeronáutica, são instituições nacionais permanentes e regulares, organizadas com base na hierarquia e na disciplina, sob a autoridade suprema do Presidente da República, e destinam-se à defesa da **Pátria**, *à garantia dos poderes constitucionais e, por iniciativa de qualquer destes, da lei e da ordem.*

A sociedade brasileira ainda não se conscientizou de que é o dono do poder, portanto ainda não é capaz de se mobilizar com determinação e foco.

É capaz de eleger marginais para nos representar nas esferas federal, estadual e municipal, mas não é capaz de se mobilizar para expulsar da vida pública aqueles que roubam e matam brasileiros, na medida em que usam o dinheiro do povo (impostos) para suas mazelas pessoais. Posto isto, cabe a pergunta:

O que pode ser feito para mudar essa situação?

Com base nos fundamentos da Constituição Federal do Brasil, na minha opinião, dois caminhos são indicados, possíveis e aceitáveis, para restabelecer o padrão de integridade moral, social e a verdadeira democracia (*) no país. (*) O que é democracia?

(*) Democracia é a forma de governo em que a soberania é exercida pelo povo. A palavra democracia tem origem no grego demokratía que é composta por demos (que significa povo) e kratos (que significa poder). Neste sistema político, o poder é exercido pelo povo através do sufrágio universal. É um regime de governo em que todas as importantes decisões políticas estão com o povo, que elegem seus representantes por meio do voto. É um regime de governo que pode existir no sistema presidencialista, onde o presidente é o maior representante do povo (também pode existir em outros sistemas de governo).

O que pode ser feito para mudar essa situação?

Primeiro – Se todo o poder emana do povo, que o exerce por meio de representantes eleitos ou diretamente, nos termos desta Constituição, chegou o momento da mobilização nacional do povo brasileiro para restabelecer os princípios fundamentais da Constituição Federal do Brasil. Isso pressupõe mobilização coordenada, com visão de futuro e estratégias claras para a consecução do plano definido para o restabelecimento da verdadeira democracia.

Com isso, não se está criando ou mesmo incentivando uma revolução social, muito pelo contrário, é o povo usando os direitos previstos na Constituição Federal de 1988 para restabelecer a ordem e a moral no país.

Segundo – Essa alternativa é mais estruturada e mais dura, no entanto, não menos viável. Significa o povo transferir o poder para que uma instituição organizada possa representar a sociedade. Exige comprometimento e aceitação das regras que poderão ser definidas previamente. Reveja artigo 142 da CFB/98.

*Art. 142. As Forças Armadas, constituídas pela Marinha, pelo Exército e pela Aeronáutica, são instituições nacionais permanentes e regulares, organizadas com base na hierarquia e na disciplina, sob a autoridade suprema do Presidente da República, e destinam-se à defesa da **Pátria**, à garantia dos poderes constitucionais e, por iniciativa de qualquer destes, da lei e da ordem.*

A Constituição Brasileira de 1988 define as Forças Armadas como "instituições nacionais permanentes". Isso significa que as Forças Armadas não são simples órgãos do Governo, mas sim, são pilares da Nação.

Segundo a mesma Constituição de 1988, as Forças Armadas se destinam **"à defesa da Pátria"**. Isso é muito importante: elas são obrigadas a defender a pátria, não o governo.

Elas existem para servir à nação. Governo e nação, não são a mesma coisa.

A nação vem antes do governo e está acima dele. Se o governo trai a pátria e se volta contra ela, as Forças Armadas têm obrigação de ficar contra o governo. Não podem, em nenhuma hipótese, ser usadas contra a pátria. Caso recebam ordens de agir contra o Brasil, têm o direito e o dever de desobedecer.

Os interesses da nação podem exigir medidas políticas que passem por cima da Constituição e das leis. A intervenção militar é um desses casos.

Tomando esta interpretação da Constituição Federal, é absolutamente aceitável, que uma força diferente daquela atualmente constituída pelo voto direto pode ser organizada para conter o que aí está instalado, ou seja, essa estrutura que está fazendo a destruição continuada e seletiva da nação.

Para isso, basta o povo brasileiro emprestar transitoriamente o poder que detém para essa instituição. Infelizmente, uma parcela significativa da sociedade não consegue perceber onde este modelo – que está instalado – vai nos levar no curto, médio e longo prazo.

As consequências serão desastrosas para um país que está sendo dividido entre Nós e Eles.

A possibilidade de uma intervenção mais aguda ou mesmo uma guerra civil já se faz presente, com consequências extremamente negativas, dolorosas e um retrocesso assustador para o futuro do país.

Acredito que não estamos preparados para conviver com essas possibilidades, mas com certeza estamos extremamente preparados, a partir de uma clarificação para a sociedade do papel desta intervenção, que não é militar e sim uma intervenção estruturada para reconstrução da nação brasileira.

Fundamento meu ponto de vista a partir da análise dos pontos no próximo capítulo, que não tem a pretensão de esgotar o assunto e sim torná-lo um pouco mais palatável no documento. Vamos tomar como exemplo a ambiência nacional, a estrutura dos poderes e os impactos na sociedade.

XVIII
Retrato de um país

Preâmbulo

A PESQUISA DE OPINIÃO É UM INSTRUMENTO PARA conhecer o que pensam as pessoas de determinado perfil, sobre determinado assunto. Geralmente são feitas para representar as opiniões de uma população, fazendo-se uma série de perguntas a um determinado número de pessoas e, então, extrapolando as respostas para um grupo maior dentro do intervalo de confiança.

→ **Dados da pesquisa** – público-alvo, amostra, dimensão de tempo, metodologia.

→ **Pesquisa de opinião** – perguntas utilizadas na pesquisa para a sondagem de opinião.

→ **Questões agrupadas** – as questões utilizadas na pesquisa estão agrupadas em cinco blocos e respectivos critérios para análise.

→ **Resultados da pesquisa** – percentuais expressos em cada bloco, assim como os respectivos comentários.

→ **Ambiência política, social, econômica** – aborda as mazelas de cada desses segmentos no Brasil.

XIX
O que a sociedade pensa do Brasil
Sondagem de opinião

Resumo executivo

PESQUISA BASEADA NA SONDAGEM DE OPINIÃO DOS entrevistados. Não se trata de um documento com fundamentos técnicos. É assistemático e tem por objetivo conhecer a percepção dos entrevistados. Também não se pretende esgotar o assunto a partir dessa sondagem, apenas entender um pouco o que a sociedade pensa sobre esses diversos pontos, nas dimensões econômica, social e política. É uma referência estatística para endereçar ações de médio e longo prazo para o país. Foram ouvidos 1678 entrevistados.

Sondagem de opinião – O que os entrevistados pensam do Brasil de hoje e de amanhã

Dados da pesquisa

Público-alvo
49% do sexo masculino
51% do sexo feminino

Amostra da idade
Entre 18 e 25 anos – 25% dos entrevistados
Entre 26 e 35 anos – 25% dos entrevistados
Entre 36 e 50 anos – 25% dos entrevistados
Maior que 51 anos – 25% dos entrevistados

Metodologia
Seis perguntas por entrevistado.
Perguntas de múltipla escolha.
No máximo, três opções por pergunta com uma resposta crédito.
Não existe questionário preenchido.
Respostas cadastradas no *laptop*.

Dimensão de tempo
Entrevistas realizadas no mês de julho de 2015
De primeiro de julho a trinta de julho.

Questionário utilizado junto aos entrevistados
Qual dos poderes é o maior responsável pela corrupção no país?
O que você acha dos custos de energia elétrica no Brasil?
Você concorda que o Brasil precisa rever os valores da sociedade?
Você sente orgulho de ser brasileiro?
Qual dos poderes inspira mais confiança para você?
Qual dos três poderes poderia melhorar o Brasil?
Quem mais desrespeita a Constituição Federal do Brasil?

Qual o grau de satisfação com a saúde pública no Brasil?
O que você acha dos custos dos combustíveis no Brasil?
Você gostaria de deixar o país se fosse possível?
Você concorda com um plebiscito para fazer estas reformas?
Qual o grau de satisfação com a educação pública no país?
O que você acha do custo de telefonia celular no Brasil?
O Brasil é considerado um país corrupto?
Você concorda que o Brasil precisa de uma reforma política?
Qual o grau de satisfação com a segurança pública no país?
Qual o grau de satisfação com os serviços de infraestrutura no Brasil?
O que você acha do custo de água e esgoto no Brasil?
Você estaria disposto a se mobilizar para mudar o país?
Você concorda que o Brasil precisa de uma reforma tributária?

Este conjunto de perguntas aleatórias foi agrupado em cinco blocos, conforme abaixo.

Formulário utilizado para realização da sondagem de opinião – agrupado por bloco

Bloco 01 – Poder de mando/Diretrizes globais

Quem é o maior responsável pela corrupção no país?
Qual dos poderes inspira mais confiança para você?
Qual dos três poderes poderia melhorar o Brasil?
Quem mais desrespeita a Constituição Federal do Brasil?

| | Executivo | Legislativo | Judiciário |

Bloco 02 – Poder de mando/Diretrizes globais

Qual o grau de satisfação com a saúde pública no Brasil?
Qual o grau de satisfação com a educação pública no país?
Qual o grau de satisfação com a segurança pública no país?
Qual o grau de satisfação com os serviços de infraestrutura do Brasil?

| | Insatisfeito | Não uso | Satisfeito |

Bloco 03 – Custos de infraestrutura e serviços

O que você acha dos custos de energia elétrica no Brasil?
O que você acha dos custos dos combustíveis no Brasil?
O que você acha do custo de telefonia celular no Brasil?
O que você acha do custo de água e esgoto no Brasil?

Baixo Médio Alto

Bloco 04 – Sentimento de pertencer

Você sente orgulho de ser brasileiro?
Você gostaria de deixar o país se fosse possível?
O Brasil é considerado um país corrupto?
Você estaria disposto a se mobilizar para mudar o país?

Sim Não sabe Não

Bloco 05 – Ações de médio e longo prazo

Você concorda que o Brasil precisa rever os valores da sociedade?
Você concorda que o Brasil precisa de uma reforma política?
Você concorda que o Brasil precisa de uma reforma tributária?
Você concorda em se mobilizar para mudar o país?

Sim Não sabe Não

XX
Sondagem de opinião

Principais resultados catalogados

Os resultados, produto desta sondagem de opinião, estão agrupados por bloco. Trato cada um dos blocos isoladamente para facilitar a compreensão dos resultados. Do ponto de vista estatístico, os resultados percentuais estão no formulário e os comentários adicionais feitos pelos entrevistados estão descritos logo abaixo de cada bloco.

Bloco 01 – Poder de mando/Diretrizes globais
Principais comentários catalogados

Bloco 01 – Poder de mando/Diretrizes globais	Executivo	Legislativo	Judiciário
Quem é o maior responsável pela corrupção no país?	55%	33%	12%
Qual dos poderes inspira mais confiança para você?	12%	15%	73%
Qual dos três poderes poderia melhorar o Brasil?	42%	22%	36%
Quem mais desrespeita a Constituição Federal do Brasil?	66%	22%	12%

→ O Poder Executivo é o principal responsável pela corrupção no país, na medida em que fez indicações políticas para cargos técnicos. É percepção dos entrevistados que o governo fatiou e comprou apoio político para se perpetuar no poder.

→ Apesar de o Judiciário ser o poder com melhor avaliação, os comentários positivos são para o ex-ministro Joaquim Barbosa, o juiz Sergio Moro (responsável pela operação lava jato) e o Ministério Público Federal.

→ A percepção dos entrevistados é que o Poder Executivo poderia melhorar de forma significativa o Brasil. No entanto, a ausência de um líder íntegro com expressão nacional inviabiliza essa alternativa, no curto prazo.

→ A grande maioria dos entrevistados entende que o Poder Executivo é o que mais desrespeita a Constituição Federal, na medida em que usa o poder da caneta para editar medidas provisórias incompatíveis com as necessidades e demandas da sociedade civil.

→ Também existe uma forte percepção que o Poder Executivo tem uma máquina inchada para viabilizar vantagens aos partidos políticos da base aliada.

→ A quantidade de ministérios aparece como um instrumento do Poder Executivo para viabilizar a corrupção e a impunidade no país.

Bloco 02 – Qualidade dos serviços
Principais comentários catalogados

Bloco 02 – Qualidade de serviços	Insatisfeito	Não uso	Satisfeito
Qual o grau de satisfação com a saúde pública no Brasil?	56%	12%	32%
Qual o grau de satisfação com a educação pública no país?	62%	18%	20%
Qual o grau de satisfação com a segurança pública no país?	57%	1%	42%
Qual o grau de satisfação com os serviços de infraestrutura do Brasil?	35%	40%	35%

Há uma insatisfação generalizada no que se refere a qualidade dos serviços prestados pelos Poderes Executivo, Legislativo e Judiciário. Em qualquer dessas esferas, seja na municipal, estadual ou federal, a percepção é de que não há compatibilidade entre a arrecadação de impostos e a respectiva transferência dos mesmos para a sociedade civil em qualidade de serviços. Vide comentários abaixo:

→ **Saúde** – Falta investimento, médicos despreparados, hospitais deteriorados, muita roubalheira, pouco repasse para a saúde, baixo nível de investimento em infraestrutura hospitalar e uma percepção acentuada de que interessa aos governantes a manutenção do que está aí. É inaceitável o número de mortes por falta de atendimento hospitalar.

→ **Educação pública** – Professores despreparados, escolas caindo aos pedaços, salários dos professores deteriorados, alto índice de impunidade dentro das escolas, desvios de verbas da merenda escolar e alunos sendo levados de um ano para o outro sem um mínimo de alfabetização.

→ **Segurança pública** – Neste item, a percepção da sociedade é muito ruim, relatam uma descrença total na segurança pública no país. Enquanto a sociedade se fecha atrás de altos muros e grades de proteção, a bandidagem anda solta e à vontade pelas ruas do país. Morrem muitos inocentes, produto da violência policial, impunidade generalizada com os delinquentes juvenis e com os ladrões de colarinho branco.

→ **Infraestrutura** – Neste campo, aparece uma percepção interessante. Ao mesmo tempo em que a sociedade civil não aceita a degradação do meio ambiente por falta de iniciativa dos órgãos responsáveis, também se colocam como responsáveis pela degradação que vem tomando conta do país. Há certa unanimidade nas críticas em relação à poluição dos rios, às enchentes que tomam o pouco que foi conquistado, à qualidade do saneamento básico *versus* o custo cobrado pelos serviços e à demora em qualquer atendimento público.

Bloco 03 – Custos de infraestrutura e serviços
Principais comentários catalogados

Bloco 03 – Custos de Infraestrutura e serviços	Baixo	Médio	Alto
O que você acha dos custos de energia elétrica no Brasil?	12%	23%	65%
O que você acha dos custos dos combustíveis no Brasil?	8%	37%	55%
O que você acha do custo de telefonia celular no Brasil?	3%	35%	62%
O que você acha do custo de água e esgoto no Brasil?	23%	35%	42%

A percepção dos entrevistados, neste bloco, mostra uma grande insatisfação com os serviços de infraestrutura do país. Há uma percepção forte de que os preços cobrados não têm contrapartida na prestação dos serviços. É muito claro para a sociedade o jogo de interesses entre governos e empresários para não produzirem serviços de qualidade. Veja comentários:

→ Gastam-se fortunas e mais fortunas para obras faraônicas que não são prioritárias, rouba-se mais do que se gasta e a sociedade fica à deriva desse escandaloso modelo de gestão.

→ Aproximadamente 45% dos entrevistados que responderam esse bloco mencionaram espontaneamente que esses serviços deveriam ser privatizados e acompanhados de perto pelo estado, com indicadores claros de desempenho. Não é mais possível conviver com tanta incompetência e roubalheira na gestão da coisa pública.

Bloco 04 – Sentimento de pertencer
Principais comentários catalogados

Bloco 04 – Sentimento de pertencer	Sim	NR	Não
Você sente orgulho de ser brasileiro?	42%	7%	51%
Você gostaria de deixar o país se fosse possível?	25%	35%	40%
O Brasil é considerado um país corrupto?	77%	12%	11%
Você estaria disposto a se mobilizar para mudar o país?	54%	15%	31%

Este bloco tem a pretensão de conhecer a opinião dos entrevistados em relação ao quanto cada um se identifica com o país. Extrapolando os resultados, podemos observar que o sentimento de pertencer a esse país está em franca decadência. Veja comentários abaixo:

→ **Orgulho de ser brasileiro** – Vivemos em um país abençoado, onde não existem terremotos, vendavais e outras anormalidades da natureza e, ao mesmo tempo, um território totalmente agriculturável. Mas governado por uma parcela de políticos desonestos e corruptos, onde a impunidade se destaca e não se vê perspectiva de melhora. Como é possível se orgulhar de ser brasileiro?

→ **Deixar o país** – Dois pontos chamam a atenção, ou seja, para os entrevistados entre 18 e 25 anos o sentimento de deixar o país é muito forte. 85% dos jovens nesta idade mencionaram o interesse em deixar o país. Para os entrevistados acima de 51 anos, a sondagem mostra que 92% deles não tem interesse em deixar o país, mas se queixam da falta de apoio do estado para com eles.

→ **Brasil corrupto** – A resposta a essa questão é quase unânime, ou seja, 77% dos entrevistados percebem um alto nível de corrupção instalado no país, o que nos leva à interpretação, ainda que por suposição, que o Brasil carrega o rótulo de país corrupto. Esta suposição fica clara com os últimos acontecimentos no país, tais como: Máfia dos fiscais, Mensalão, Petrobras, Eletronuclear, Banestado, Vampiros da saúde, Anões do orçamento, TRT, Operação navalha, Banco Makra, só para citar alguns, e que gerou um desfalque no dinheiro público na ordem de mais de 200 bilhões de reais. Mas vem aí o ajuste fiscal para retirar dinheiro da sociedade para corrigir esses desvios e mais uma vez o povo paga a conta.

→ **Mobilização** – Neste ponto, temos um fenômeno interessante, qual seja, todas as pesquisas de opinião – estruturada e feita por institutos especializados – mostram algo como 70% dos brasileiros insatisfeitos com o que está instalado. Digo interessante porque somente 54% dos entrevistados nessa sondagem estão dispostos a irem para as ruas para participar do processo de mobilização para pedir mudanças. Na minha interpretação, este fato se estabelece porque não temos um nome de alcance nacional que possa aglutinar todas as reivindicações da sociedade – a partir da mobilização – e endereçar soluções para as mesmas.

Bloco 05 – Ações de médio e longo prazo
Principais comentários catalogados

Bloco 05 – Ações de médio e longo prazo	Sim	NR	Não
Você concorda que o Brasil precisa rever os valores da sociedade?	62%	7%	31%
Você concorda que o Brasil precisa de uma reforma política?	87%	11%	2%
Você concorda que o Brasil precisa de uma reforma tributária?	45%	35%	11%
Você concorda com um plebiscito para fazer essas reformas?	46%	34%	20%

Neste bloco, tenho a pretensão de entender um pouco mais a sociedade no que diz respeito a ações de médio e longo prazo. Recebi como resposta às questões comentários que me deixaram muito surpreso e ao mesmo tempo feliz, pois o povo sabe o que quer, só precisa de alguém que lidere as mudanças e faça acontecer. Veja os principais comentários:

→ **Revisão dos valores da sociedade** – É fundamental que sejam endereçadas ações nessa área para acabar com a lei de Gerson – querer levar vantagem em tudo – e endurecer os códigos Civil e Penal, assim como as instituições que os aplicam.

→ **Reforma política** – É chegada a hora de colocar para fora todos os agentes políticos e agentes públicos, assim como empresários, que fomentam e compactuam com a corrupção e com a impunidade no país. Importante também acabar com uma série de privilégios destinados a este grupo seletivo que se diferencia dos benefícios oferecidos a sociedade.

→ **Reforma tributária** – Ainda que o conceito de reforma tributária seja excessivamente técnico, 45% dos entrevistados entendem que o país precisa dela. No entanto, se somarmos os que não sabem e os que acreditam, temos 65% de indecisão a respeito desse item. Mais importante que os percentuais são os comentários que 82% dos entrevistados fizeram, tais como: alta carga de impostos, excesso de burocracia nos serviços públicos, distribuição de renda desigual, baixo percentual da arrecadação aplicado em educação, saúde e segurança pública, falta de repasse de verbas para estados e municípios entre outros.

→ **Plebiscito para reformas** – Neste item, destaca-se que a grande maioria (os que não sabem e os que disseram não para as reformas – 54%) é muito alto. Acredito que este índice tem a ver com o desconhecimento do que seria um plebiscito e até mesmo com o impacto que poderia gerar na sociedade. Os principais comentários que pude anotar foram: seja qual for o modelo de mudança, gostaríamos de participar, não dá mais para ser um cidadão alienado nos aspectos econômicos, sociais e políticos no país. Qualquer outro modelo não pode ser pior do que esse que está instalado, logo é preciso mudança já para construir um país que nos dê orgulho de ser brasileiro.

XXI
Ambiência interna

Resumo executivo

A INTENÇÃO, NESTE CAPÍTULO, É DEMONSTRAR O quanto o país está comprometido nas áreas política, social e econômica pela ineficiência do estado, pela impunidade e, em especial, pela forma como os bens públicos estão sendo dilapidados pelos agentes políticos e públicos eleitos ou não pelo povo. É um modelo de corrupção endêmica, estruturado e instalado nos Poderes Executivo, Legislativo e Judiciário, nas esferas federal, estadual e municipal.

O ambiente político, econômico, social e suas mazelas no Brasil

O sentimento de pertencer a este país está caindo por terra. Já não se tem mais orgulho de ser brasileiro. Vivemos um momento histórico em que os valores sociais estão degradados. Ser desonesto é politicamente correto. Roubar os cofres públicos, em qualquer esfera, é visto como louvável. Aceitar passivamente os desmandos no país é o politicamente correto, ser manipulado por alguns canais de comunicação é aceitável. Para ilustrar estes comentários, vamos analisá-los nas dimensões política, social e econômica mais à frente.

Político: O Portal da Transparência traz em suas matérias que mais de 35% dos políticos brasileiros tem condenação na justiça em primeira instância e 30% na justiça em segunda instância. No entanto, estão todos aí e continuam tirando proveito do dinheiro público. Uma parcela significativa dos políticos enriquece à velocidade da luz, enquanto a maior parcela da população empobrece e se submete aos serviços vergonhosos oferecidos pelo governo, seja ele federal, estadual ou municipal. Veja alguns sinais:

→ Segundo o Portal da Transparência mais de 35% dos políticos tem condenação na justiça em primeira instância.

→ Agentes políticos e agentes públicos enriquecendo à velocidade da luz nos diversos segmentos da estrutura de poder.

→ Nos últimos 13 anos, muitos agentes políticos perderam o cargo por ato de improbidade administrativa.

→ Diversos partidos políticos envolvidos em escândalos de corrupção, a exemplo do mensalão e Petrobras e tantos outros. Atualmente, uma quantidade enorme de políticos envolvidos com desvio de dinheiro na Petrobras, sinalizando um processo de corrupção endêmica no país.

→ Pelos registros do Tribunal Superior Eleitoral, são 32 partidos políticos atualmente com o firme propósito de dilapidação do patrimônio público.

→ Escândalos e mais escândalos com a merenda escolar, Bolsa Família, BNDS etc.

Social: Valores sociais em acelerada decadência. Uma sociedade escondida atrás das grades e muros altos, com medo da bandidagem. Uma sociedade amordaçada pela ignorância e submetida a todos os desmandos possíveis, na medida em que saúde, educação, segurança pública, distribuição de renda etc. estão abaixo da linha da pobreza.

→ A inclusão social é um arremedo de política social.

→ Morrem no Brasil mais de 50 mil pessoas por ano por falta de segurança institucional.

→ Educação pública marginalizada por falta de investimentos e preparação dos professores.

→ Jovens sendo jogados na sarjeta social por consumo de drogas pela falta de ações estruturadas de combate às drogas.

→ Sistema de transporte deteriorado e com custos elevados.

→ Povo mendigando atendimento em hospitais públicos e morrendo por falta de atendimento.

→ Sociedade escondida atrás de muros altos e grades para se proteger da bandidagem.

→ Meio ambiente em acelerada degradação por falta de investimento em infraestrutura para tratamento de esgoto.

→ Protestos, mais e mais, por falta de sensibilidade dos governos no atendimento das demandas.

Econômico: Estamos vendo em um país dividido entre a riqueza e a pobreza. É possível verificar um governo que fatiou todos os segmentos da economia para facilitar o desvio de dinheiro público. Se não bastasse isso, aumentou de forma significativa o número de ministérios e os cargos de confiança para gerar receita legal para os cofres do partido. Gasta desordenadamente e não tem o menor pudor de publicar decretos para amenizar as consequências das decisões que tiram da sociedade brasileira a oportunidade de crescimento. Veja alguns sinais:

→ Dívida interna já representa 65% do PIB – Produto interno Bruto – e continua em crescimento.
→ Dívida externa em elevado crescimento a ponto de comprometer as reservas existentes.
→ Produto Interno Bruto decresce em razão da recessão econômica.
→ Inflação dá mostras de crescimento acelerado, reduzindo o poder de compra dos assalariados.
→ Juros bancários estão sendo elevados a patamares astronômicos.
→ O desemprego cresce em ritmo acelerado, jogando na sarjeta uma grande parcela da sociedade.
→ Custo da alimentação cresce de forma assustadora. Enfim, tantos outros.

Para concluir

Brasil, uma nação repleta de riquezas e potencialidades para o crescimento, não pode e não deve continuar convivendo com o que aí está instalado. Um país dividido ente o Nós e o Eles, entre a extrema pobreza e a extrema riqueza. Está na hora de construir o país do Futuro e deixar um legado para nossos filhos, onde o povo brasileiro não conviva com excluídos sociais. É fundamental a certeza de que todos terão oportunidades iguais para que possam fazer suas escolhas. Este é dever do Estado e um direto de cada um dos brasileiros.

Para construir este legado, é preciso que estejamos abertos para considerar novas formas de fazer política, ajustar nossos valores e nossas crenças em relação à nova estrutura de poder a ser discutida para o Executivo, Legislativo e Judiciário.

Lembre-se: queremos construir um país onde todos possam ter oportunidades, no entanto, as escolhas serão individuais. O custo de cada escolha será de responsabilidade de cada um dos brasileiros que estarão sujeitos às penas da lei.

XXII
Produto Interno Bruto

Preâmbulo

O Produto Interno Bruto (PIB) é um indicador utilizado por todos os países do mundo para medir as riquezas internas. Tomei esse indicador como referência para fazer uma análise comparativa da economia brasileira x as demais economias do mundo. É certo que o PIB não é o único indicador, mas, do ponto de vista econômico, é bastante consistente para esse fim. A partir desse indicador, fica fácil identificar ralos que consomem o dinheiro público.

→ **PIB** – Análise comparativa do Produto Interno Bruto entre países.

→ **PIB** – Ralos que abastecem a corrupção.

→ **PIB** – Riquezas do Brasil (uma pequena amostra).

→ **PIB** – Evolução do Produto Interno Bruto na economia.

XXIII
Produto Interno Bruto
Análise comparativa do PIB entre países

Resumo executivo

NESTE CAPÍTULO, FAÇO UMA ANÁLISE COMPARATIva do PIB das 25 principais economias do mundo. Mostro o crescimento ou encolhimento das economias nestes países, comparando apenas 2013 *versus* 2014. O crescimento médio dessas 25 economias foi de 4,10%, enquanto que o Brasil teve um encolhimento de 1,20% no PIB. Alerto que os dados podem não ser tão assertivos, mas estão muito próximos da realidade. As fontes utilizadas são de extrema credibilidade. Em minha opinião, isso aconteceu pelos fatos que descrevo a seguir.

Análise comparativa do PIB entre países

O PIB (*) do Brasil é de aproximadamente 5,521 trilhões de reais (segundo dados do IBGE) ou 2,215 trilhões de dólares (2014). O Brasil é considerado a sétima economia do mundo. países considerados de primeiro mundo, tais como Itália, Suíça, Suécia, Espanha e Canada, só para citar alguns, tem PIB inferior ao do Brasil. Veja tabela abaixo.

Posição	Países	2014	2013	Variação
1	E. Unidos da América	17,528	16,799	4.34%
2	China	10,027	9,181	9.21%
3	Japoa	4,846	4,901	-1.12%
4	Alemanha	3,875	3,635	6.60%
5	França	2,885	2,737	5.41%
6	Reino Unido	2,827	2,535	11.52%
7	**Brasil**	**2,215**	**2,242**	**-1.20%**
8	Itália	2,171	2,017	7.64%
9	Rússia	2,092	2,118	-1.23%
10	Índia	1,995	1,870	6.68%
11	Canada	1,768	1,825	-3.12%
12	Austrália	1,435	1,505	-4.65%
13	Espanha	1,415	1,358	4.20%
14	Coreia do Sul	1,307	1,211	7.93%
15	México	1,287	1,258	2.31%
16	Indonésia	859	870	-1.26%
17	Holanda	838	800	4.75%
18	Turquia	767	827	-7.26%
19	Arábia Saudita	772	745	3.62%
20	Suíça	693	650	6.62%
21	Suécia	580	557	4.13%
22	Polônia	544	516	5.43%
23	Bélgica	534	506	5.53%
24	Noruega	512	511	0.20%

Posição	Países	2014	2013	Variação
25	Taiwan	502	489	2.66%
Media	**Acréscimo/decréscimo**	**66,288**	**63,676**	**4.10%**
Fonte:	**Portal Terra-Economia**			

(*) PIB é a sigla para **Produto Interno Bruto** *e representa a soma, em valores monetários, de* **todos os bens e serviços finais produzidos** *em uma determinada região, durante um período determinado.*

Estão à frente do Brasil países como Estados Unidos da América, China, Japão, Alemanha, França e Reino Unido. Lembro que o universo das economias aqui analisadas se restringe a 25 países.

Entre eles, o Brasil é considerado a sétima potência econômica do mundo quando considerado um único indicador, ou seja, o Produto Interno Bruto. Olhando para estes números, podemos considerar que o Brasil é um país extremamente rico e com potencial de crescimento incrível e que poderá se tornar uma das economias mais promissoras do mundo. **O que fazer para chegar lá?**

O Brasil precisa de planejamento de longo prazo – plano diretor para 20/30 anos – com prioridades estratégicas claramente definidas para atacar as causas dos problemas e não as consequências, a exemplo do que acontece atualmente.

Como mencionado em capítulo anterior, destaco algumas prioridades estratégicas que deveriam compor o plano de governabilidade, são elas: Tolerância Zero, Reforma Política, Reforma Tributária e Reforma Social.

A abordagem desse capítulo tem apenas a intenção de mostrar o posicionamento do Brasil no contexto mundial quando se compara o indicador Produto Interno Bruto, ou seja, a riqueza nacional.

Com isso fica fácil compreender que somos uma economia rica e promissora, no entanto muito mal administrada. No próximo capítulo, elenco uma série de desmandos que vêm acontecendo no país e que, se não acontecessem, poderíamos estar em uma posição muito mais confortável, seja no indicador Produto Interno Bruto, seja nos outros indicadores de qualidade de vida da sociedade brasileira.

XXIV
Produto Interno Bruto
Ralos que abastecem a corrupção

Resumo executivo

Neste capítulo exploro, ainda que de forma não muito profunda, os desmandos e os ralos que abastecem a corrupção em alguns aspectos da economia, que são fundamentais para a composição do Produto Interno Bruto. Exploro um conjunto de outros aspectos que tiram do povo brasileiro a possibilidade de ter acesso a serviços de qualidade. Trato alguns desses assuntos e reafirmo que não tenho a pretensão de ser conclusivo e, sim, de levar o leitor a fazer algumas reflexões sobre os temas.

Ralos que abastecem a corrupção

Brasil – É o quinto maior país do mundo em extensão territorial. Localizado na América do Sul, seu relevo apresenta-se relativamente suave, composto por grandes bacias sedimentares, das quais se destaca a bacia Amazônica, cercada por planaltos de altitudes moderadas. País rico em recursos natural e abençoado por Deus, tem a maioria das suas terras cultiváveis. Líder absoluto em alguns segmentos da economia, a exemplo da agropecuária, agroindústria, sistema bancário etc.

Mas governado por uma estrutura de poder obsoleta que drena os recursos do país em benefício próprio, transferindo migalhas para a sociedade. Isso se deve ao tamanho do ralo que drena os recursos arrecadados no país. Veja alguns dados abaixo:

Corrupção – Estudos desenvolvidos por instituições brasileiras extremamente sérias (universidades de renome nacional e internacional) estimam que a corrupção no Brasil desvie em torno de 2% a 3% do capital circulante no país. Se o PIB do Brasil é de 5,521 trilhões, 3% desse volume representa um desvio de dinheiro na ordem de 165 bilhões de reais por ano que são desviados para as contas pessoais dos envolvidos no processo. (Corruptos e corruptores)

→ Faça uma rápida reflexão sobre as pessoas que você conhece e que trabalham em instituições públicas, sejam eles fiscais, policiais de qualquer nível, juízes, vereadores, deputados, senadores, governadores, prefeitos ou cargos de confiança nas esferas municipal, estadual e federal. Poderá perceber que a esmagadora maioria ostenta elementos de riqueza que não são compatíveis adquirir com o salário mensal que recebem como servidor público.

Benefícios Sociais – Atualmente, temos mais ou menos 40 milhões de brasileiros subsidiados pelos governos municipal, estadual e federal – considerados extrema pobreza, consumindo recursos dos impostos arrecadados. Esta benesse representa aproximadamente 130 bilhões de reais por ano que deixam de ser colocados em investimentos na infraestrutura do país. Nada de errado com a distribuição de renda. Acho que o conteúdo está absolutamente correto, no entanto a forma é extremamente inadequada.

→ O modelo passa pelo voto de cabresto e dependência do estado, mata a dignidade do ser humano e o leva às mais cruéis adversidades da vida, como por exemplo, perder sua identidade como gestor de suas competências pela busca do crescimento como ser humano, produto do seu trabalho. O pleno emprego gera dignidade e capacidade de gestão.

Economia informal – Estima-se que a economia informal no Brasil está em torno de 35%. Ora, se o PIB da economia formal é de 5,521 trilhões de reais, 35% desse valor representam 1,931 trilhões de reais não incorporados na economia formal. Considerando que a carga tributária no Brasil é da ordem de 40%, o país está deixando de arrecadar em tributos o equivalente a 772 bilhões de reais por ano.

→ Interessa aos agentes públicos a manutenção deste *status quo*, pois é a forma de tirar vantagens do dinheiro público, na medida em que eles são investigados e processados nunca sabem de nada. A informalidade não pode ser tributada.

Economia formal – Estima-se que, na economia formal do país, o índice de sonegação fiscal atinja entre 5% e 10% do PIB. Estancar esta sangria e recuperar 5,0% significa, mais ou menos, 225 bilhões de reais por ano no caixa do Estado. **Onde está este dinheiro?**

→ Não é difícil identificar. Basta verificar as lanchas, iates, aviões, fazendas, contas no exterior etc. espalhados pela costa brasileira nas marinas, nos aeroportos legalmente constituídos e ilegalmente instalados no país, nos paraísos fiscais, assim como o registro/valor das propriedades legais e ilegais ao longo do território brasileiro.

A estrutura política do Brasil conta hoje com um Governo Federal – DF (Executivo e Legislativo – Senado Federal e Câmara Federal), 26 estados (Executivo e Assembleias Estaduais) e, mais ou menos, 5561 municípios (Executivo e Assembleias municipais) consumindo mais ou menos 5% do PIB, o equivalente a 210 bilhões de reais por ano. Estudos mostram que o Brasil é o país com o maior custo *per capita* por políticos no mundo, superando inclusive a primeira economia do mundo, os Estados Unidos da América.

→ Na média – comparado com as 10 maiores economias do mundo – o Brasil tem um custo de fazer política 2 a 3 vezes maior. Se isto for ajustado em relação à média desses países, com certeza teremos uma redução de custo na ordem de 100 bilhões de reais por ano. É muito fácil fazer bondade com o chapéu alheio e isso o político brasileiro sabe fazer com maestria. Está na hora de acabar com essa imoralidade.

Do ponto de vista da reforma social, é preciso acenar com um cenário de longo prazo para criar um ambiente, cujo sentimento de pertencer ao país seja de orgulho de cada brasileiro, independente de cor, sexo, raça, religião etc., restaurando os valores sociais, tais como: cidadania, educação, segurança, dignidade do ser humano (individual e coletivo), confiança, seriedade, entre tantos outros.

→ Para reflexão – vamos tomar como referência o Portal da Transparência, que enfatiza que mais ou menos 36% dos políticos brasileiros têm problemas com a justiça. Ora, se isto é fato, no mínimo outros 36% que se envolvem com políticos também os têm. Posto isso, vejam o tamanho do desmando que está instalado no país. É endêmico e precisa ser tratado com urgência, pois eles são os formadores de opinião e exemplo para muitos brasileiros. Do ponto de vista financeiro, é impossível mensurar o tamanho do prejuízo moral e social causado na sociedade brasileira.

→ Do ponto de vista moral e social, é extremamente fácil perceber os impactos e danos que este tipo de gestão vem causando na sociedade brasileira. A violência mata mais de 50 mil brasileiros por ano, é muito mais que a guerra civil nos países do Oriente Médio. O sistema de saúde está em colapso (instalações destruídas, pessoal desqualificado, mortes diárias por erros médicos, demora e falta de atendimento), rios poluídos, tratamento de esgoto abaixo da linha de pobreza, desmatamento desenfreado, enfim, esses e tantos outros. Penso que, do ponto de vista financeiro, o prejuízo imposto à sociedade por esses desmandos é incalculável, mas com certeza gera desconforto para milhares de brasileiros. Somente eles sabem o custo desses desmandos, à medida em que perdem seus entes queridos.

Consolidando os resultados de cada um dos itens acima, encontra-se um resultado extremamente preocupante. Os valores mostram como os desmandos nesse país (corrupção endêmica e a má de gestão dos bens públicos) necessitam urgentemente de um choque de responsabilidade para resgatar a credibilidade e endereçar ações consistentes para assegurar a continuidade democrática, em detrimento de uma revolução social, com consequências profundas e duradouras. Veja tabela 01 abaixo.

Tabela 01 Ralos que drenam dinheiro público	Economia Bilhões de reais
Corrupção endêmica no país	165,0
Economia informal	772,0
Economia formal sonegada	225,0
Distribuição renda – forma	130,0
Estrutura política	105,0
Total	1.397,0

Transformando 1,397 trilhões de reais em dólar, teremos 550,0 bilhões de dólares para serem aplicados de forma inteligente nas demandas do Brasil. (Dólar considerado a 2.54 – bases de cálculo do estudo dez/14). Excluindo deste valor 130,0 bilhões de reais que são destinados à distribuição de renda, o restante, 500,0 bilhões de dólares são literalmente desviados dos cofres públicos do país, porque não dizer roubados.

Esse total – 500,0 bilhões de dólares – equivale ao PIB de países como Suíça, Suécia, Polônia, Bélgica e Noruega, só para citar alguns. Lembro que esses países estão entre as 25 economias mais fortes do planeta. Veja tabela 02 abaixo.

A tabela mostra que o dinheiro desviado no país (500,0 bilhões de dólares) está muito próximo do PIB dos países listados abaixo.

Tabela 2

Posição	País	PIB 2014	PIB 2015	Variação
20	Suíça	693	650	6.62%
21	Suécia	580	557	4.13%
22	Polônia	544	516	5.43%
23	Bélgica	534	506	5.53%
24	Noruega	512	511	0.20%
25	Taiwan	502	489	2.66%

Recentemente a Folha de São Paulo publicou estudo comparativo sobre a arrecadação dos tributos brasileiros e os respectivos percentuais do PIB destinado aos gastos do governo com saúde, educação, segurança pública, e outras áreas. Tomando como referência esse estudo, é possível observar/identificar o quanto os serviços oferecidos pela administração pública pode ser melhorado no curto prazo e se preparar para o médio e longo prazo.

Tomando esses dados – percentuais do PIB, analisei duas dimensões em que poderíamos aplicar esse dinheiro que está sendo drenado pelo ralo da corrupção e pela incapacidade de gestão da coisa pública do estado.

Dimensão 01: Redução de impostos – baixar a tributação atual de 40% para o equivalente a consumir os 1,397 trilhões de reais. Significa simplesmente reduzir a carga tributária no país e manter a mesma qualidade dos serviços existentes. Não recomendo esta alternativa no curto prazo.

Dimensão 02: Eliminar todos os ralos que drenam o dinheiro público (corrupção, economia informal, sonegação na economia formal, redirecionamento da distribuição de renda, revisão do modelo político e consequente forma de remuneração) e manutenção dos impostos nos patamares atuais – 1,397 trilhões para investimento – significa melhorar de forma significativa os serviços públicos atuais, tais como: saúde, educação, segurança, infraestrutura e tantos outros.

Tomando como referência os números publicados pela Folha de São Paulo, é possível concluir que todas as áreas de prestação de serviços à sociedade podem ser melhoradas no curtíssimo prazo.

O que é preciso para fazer isso?

Simples, acabar com a corrupção e mandar os gestores incompetentes para casa. Colocar no poder um político com características de liderança extremamente forte, que seja orientado para resultados e para pessoas. Alguém capaz de endereçar soluções para os problemas do Brasil, ou seja, melhorar a qualidade de vida da sociedade brasileira. Alguns pontos que podem ser corrigidos no curtíssimo prazo para trazer qualidade de serviços de países do primeiro mundo. São eles:

→ O Brasil gasta com saúde mais ou menos 6,0% do PIB, o que equivale a aproximadamente 264 bilhões de reais. Com os valores economizados é possível melhorar o sistema de saúde em 5,29 vezes em um ano.

→ O Brasil gasta com educação em torno de 9,0% do PIB, o que equivale a mais ou menos 500 bilhões de reais. Com os valores economizados é possível melhorar o sistema educacional em 2,7 vezes em um ano.

→ O Brasil gasta com transportes por volta de 2,0% do PIB, o que equivale a 110 bilhões de reais. Com os valores economizados é possível melhorar o sistema de transportes em 12,47 vezes em um ano.

→ A dívida interna atualmente representa 65% do PIB. Considerando que os desmandos (1.397 trilhões) representam 25% do PIB, em 4 anos pode-se zerar a dívida pública interna.

O Brasil é um dos poucos países no mundo que conseguiu conquistar a democracia – transição do regime militar para democrático – sem derramar uma única gota de sangue.

Isto é louvável e, portanto, apesar de sermos um país relativamente jovem, também seremos capazes de fazer essa nova transição para resgatar os mais profundos valores éticos e sociais na gestão da coisa pública, erradicando de vez esse endêmico processo de desmandos (*corruptos/corruptores) no Brasil.

Produto Interno Bruto
Riquezas do Brasil

Resumo executivo

Este capítulo tem a pretensão de mostrar ao leitor que é possível o país evoluir rapidamente e de forma sustentada. O Brasil tem muitas riquezas e que, se melhor exploradas, podem agregar valor substancial ao Produto Interno Bruto. Listo algumas das principais riquezas e faço uma projeção do crescimento do PIB brasileiro a partir de algumas premissas. Na medida em que o PIB cresce, mais dinheiro é repassado para os serviços e, por consequência, a qualidade de vida melhora substancialmente.

Riquezas do Brasil

O Brasil é um país riquíssimo, apesar das desigualdades sociais instaladas e dos desmandos dos agentes políticos. Vamos tomar como exemplo alguns pontos:

O Brasil o 4º país em extensão territorial com a grande maioria de sua terra agricultável.

O Brasil é o maior país da América Latina, com um contingente populacional jovem (produtivo) e grande parte desta população habilitada e capacitada.

O Brasil possui riquezas como petróleo, ferro, alumínio, tungstênio, alguns outros minerais e terras raras muito importantes como tório, urânio e nióbio.

O Brasil é um dos maiores produtores de carne, soja, café e outras *commodities*.

A indústria brasileira ocupa lugar de destaque no mundo, a exemplo da siderurgia, automobilística, sapatos, têxteis, confecções e tantos outros.

O Brasil tem a matriz energética considerada das melhores do mundo, pois possuímos energia hidráulica, eólica, solar, mineral e a renovável (cana de açúcar, mandioca etc.).

O litoral brasileiro é extenso e nos garante não só alimentos, mas minerais, como o cloreto de sódio (sal) e energia (maré).

No campo da educação, o Brasil é referência mundial, a exemplo do Instituto Osvaldo Cruz, Universidade São Paulo (USP), Unicamp, ITA, Emilio Goeldi, entre tantos outros.

A exploração adequada destas riquezas, conjugada com a redução/eliminação da corrupção, incorporação da economia informal, adequação dos custos de fazer política no país, eliminação da sonegação fiscal e com o povo brasileiro mais atento e cobrando resultados dos governantes nas esferas federal, estadual e municipal, com certeza estaremos construindo um país melhor.

XXVI
Produto Interno Bruto
Premissas para evolução do PIB

Sumário executivo

A evolução do PIB neste modelo de projeção é mera suposição, mas acredito ser factível, e pressupõe que as reformas política, econômica e social sejam realizadas, assim como a corrupção e a impunidade erradicadas. Trabalho com premissas para um determinado período e tempo. Penso que é uma projeção conservadora, mas extremamente viável para um país com as potencialidades do Brasil.

Evolução do Produto Interno Bruto na economia

Abaixo, análise do crescimento do PIB baseada nas seguintes premissas: Tolerância Zero, Reforma Tributária, Reforma Política e Reforma Social.

2015/2015: Manutenção do Produto Interno Bruto com todos os desmandos (corrupção e impunidade instalados no Brasil atualmente).

2016/2018: Crescimento do Produto Interno Bruto em 3.0%, reduzindo parte dos desmandos atuais (ações de correção – ajuste de governo).

2019/2020: Crescimento do Produto Interno Bruto em 5.0%. Desmandos atuais já corrigidos, incorporando 50% da economia informal no PIB formal.

2021/2023: Crescimento sustentado do Produto Interno Bruto em 6,0% ao ano. Economia informal sendo incorporada na economia formal, redução acelerada da corrupção instalada, novo modelo político em vigor e modelo de gestão da coisa pública profissionalizada.

Nesta modelagem, o Brasil recupera sua credibilidade interna e externa, coloca a sociedade brasileira em um patamar mais elevado de cidadania e caminharemos rapidamente para conquistar nosso merecido espaço no mundo globalizado.

Para que esse país se torne um país real e estabeleça uma verdadeira democracia, precisa combater a corrupção (corrompidos e corruptores). Evitar o desperdício estancando os ralos que drenam o dinheiro público, eliminar o cabide de emprego dos partidos políticos, criar condições para que todos tenham acesso ao trabalho e garantir a expressão da liberdade independente da cor, sexo, raça ou religião.

A democracia não pode sofrer solução de continuidade, assim a cobrança de altas taxas de impostos precisa ser convertida em benefícios para a sociedade. Logo, o desafio passa obrigatoriamente pela Tolerância Zero, Reforma Tributária, Reforma Política e Reforma Social.

Com essas quatro ações o Brasil encontrará o caminho do crescimento sustentável, redução da desigualdade social, velocidade do trato da coisa pública e sentimento de pertencer da sociedade que nos trará orgulho de ser brasileiro. Veja evolução do PIB abaixo.

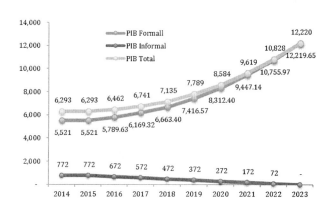

Gráfico – Evolução do BIB em bilhões de dólares.

A título de esclarecimento, em capítulo anterior mencionei a necessidade de reformas política, social e econômica para a construção de um país melhor. No próximo capítulo, trato cada uma das reformas. Não tenho a pretensão de esgotar o assunto, até porque cada uma das reformas seria assunto para novos livros. Destaco tão somente alguns pontos que considero extremamente importantes no desenho de cada uma das reformas.

XXVII
Reformas necessárias para o país

Preâmbulo

O Brasil está em processo acelerado de degradação dos aspectos políticos, econômicos e sociais. É urgente a necessidade de reformas estruturais para retomar o crescimento, os valores sociais e a ética na política. As reformas que proponho a seguir, talvez representem 20% do que precisa ser feito no país, mas tenho a convicção que trazem 80% dos resultados necessários à construção de um Brasil melhor. Naturalmente que não são conclusivas, endereço apenas o que considero mais relevante.

→ **Reforma Tolerância Zero** – Tem como objetivo erradicar a impunidade no Brasil.

→ **Reforma Política** – Tem como princípio o custo de fazer política e a ética na gestão dos bens públicos.

→ **Reforma Tributária** – Trata-se da redução da corrupção e da simplificação da burocracia no país e o crescimento sustentado desse.

→ **Reforma Social** – Pretende repactuar com a sociedade novos valores sociais.

…
XXVIII
Reformas necessárias
Tolerância Zero

Sumário Executivo

A IMPUNIDADE NO BRASIL PRECISA SER ERRADICAda o mais rápido possível. Aplicação da lei para todos os brasileiros, independente de sexo, raça, cor e religião ou posição na sociedade, sempre preservando a expressão da liberdade e o direito de ir e vir de cada cidadão. Não importa o tamanho do desmando praticado, ele precisa ser punido com o rigor da lei.

A seguir, listo um conjunto de ações estratégicas que, a meu ver, podem trazer resultados extremamente significativos para a redução da impunidade no país.

Tolerância Zero (20/80)

Ações estratégicas a serem consideradas

A insegurança tomou conta de todas as cidades brasileiras, na medida em que não existe respeito às leis, impunidade, valores deteriorados e com certeza a omissão do Congresso Nacional.

→ Revisão completa dos Códigos Civil, Penal e do sistema prisional, assim como a estrutura do judiciário brasileiro, de forma a tornar a justiça mais rápida, o sistema prisional mais educativo e os processos mais curtos, ou seja, menos longos.

→ Combater a corrupção diuturnamente para garantir a lisura e a transparência nas contas públicas e na iniciativa privada, assegurando o respeito aos direitos da sociedade.

→ Implantar uma nova modelagem de gestão nas policias federal, militar e civil, de forma a assegurar a integração das informações para agilizar a repressão e punição dos envolvidos em atos de desobediência a legislação vigente no país. Investir no aparelhamento, aperfeiçoamento e, em especial, em novas tecnologias para o combate e prevenção ao crime.

→ Forte investimento nas Forças Armadas – Exército, Marinha, Aeronáutica – para que possam fazer a proteção das fronteiras seca e molhada do país para evitar a entrada de drogas e produtos ilegais no país e garantir a soberania nacional.

→ Punir exemplarmente os desmandos de forma ágil e com o rigor da lei em todas as esferas da sociedade e em especial nas esferas executiva, legislativa e judiciaria.

→ Integrar as forças de apoio (prevenção e repressão – polícia, judiciário), julgamento para absolvição ou condenação e Ministério Público para evitar conflitos de interesse nos processos em andamento.

XXIX
Reformas necessárias
Reforma Política

Sumário executivo

O POLÍTICO PRECISA SER VISTO COMO UM SERVI-dor do povo. Ele existe para defender e encaminhar os interesses da sociedade e não para tirar proveito da posição. Deve tão somente ter o benefício à liberdade de expressão quando no exercício da função. Ademais, é um cidadão comum e como tal precisa estar sujeito às penas da lei. Assim sendo, rever urgentemente o modelo político que aí está instalado, de forma a acabar com as imoralidades praticadas pelos políticos em benefício próprio.

A seguir, listo um conjunto de ações estratégicas que, a meu ver, podem trazer resultados extremamente significativos para a redução da impunidade no país.

Reforma Política (20/80)

Ações estratégicas a serem consideradas

É urgente promover uma **reforma política** que aproxime o eleitor de seus representantes e amplie os canais de participação. Seja qual for o modelo, é fundamental que ele traga em seu escopo mecanismos de controle para evitar o abuso de poder, a corrupção generalizada, desmandos em benefício próprio e custos acentuados ao contribuinte.

→ Desenvolver modelo que aproxime o eleitor de seus representantes, seja para elegê-los ou destituí-los do mandato legado pelo eleitor, que tenha no seu escopo controles rígidos de acompanhamento do desempenho dos políticos eleitos.

→ O eleitor tem o direito de votar e o político o dever de exercer o cargo para o qual foi eleito. Em caso de convite para assumir outra posição que não aquela pela qual foi eleito, perde o mandato e não se admite suplente. O suplente só será admitido em caso de morte ou doença que o impossibilite o titular do cargo.

→ Em caso de suspeita por improbidade administrativa aceita pelo Tribunal Superior Eleitoral ou Ministério Público, o político eleito fica impedido de continuar no cargo até a conclusão da investigação. Nenhuma investigação poderá ultrapassar o prazo máximo de 120 dias.

→ A soma dos vencimentos diretos e indiretos dos políticos eleitos não poderá ser superiores aos vencimentos dos políticos desses quando comparados com as dez maiores economias do mundo. O modelo de correção dos vencimentos será o mesmo que corrige o salário mínimo nacional. Dever ser feito anualmente.

→ Será aceito como candidato a cargo político qualquer cidadão brasileiro com formação superior e que não esteja sob investigação ou tenha condenação de qualquer espécie, em qualquer instância do sistema judiciário brasileiro.

→ Os políticos eleitos devem concentrar sua atenção nos anseios da sociedade e no plano de governo de longo prazo, seja ele de que partido for.

→ Não será permitida a inserção no orçamento da União de emendas parlamentares para o desenvolvimento de ações em sua região de origem. Fazer política é diferente de balcão de negócios.

→ Eliminação/redução de forma significativa dos cargos considerados de confiança. O princípio da ficha limpa vale para qualquer posição a ser ocupada nas instituições públicas.

→ Nenhum agente político eleito pelo voto direto poderá ser licenciado para ocupar cargos em estatais.

XXX
Reformas necessárias
Reforma Tributária

Sumário executivo

Ajustar as receitas e as despesas do país, eliminando os ralos, de tal forma que a sociedade perceba e usufrua das vantagens – tributos arrecadados, gerando uma melhor qualidade de vida e crescimento sustentado do Brasil, reduzindo toda e qualquer possibilidade de sonegação fiscal/tributária e oportunidade de emperramento da máquina pública. Eliminar burocracias existentes atualmente que dificultam e atravancam o crescimento do país. Rever toda modelagem de tributação para que a distribuição de renda no país seja mais igualitária.

A seguir, listo um conjunto de ações estratégicas que, a meu ver, podem trazer resultados extremamente significativos para a redução da impunidade no país.

Reforma Tributária (20/80)

Ações estratégicas a serem consideradas

O Brasil do futuro precisa ser inovador, produtivo, sólido na economia, rico nos valores sociais, íntegro nas instituições jurídicas, possuir processos de negócio mais curtos e sólidos, forte nas relações com a iniciativa privada e justo na distribuição de renda.

→ Refazer o atual pacto federativo – arrecadação e distribuição de impostos – para fortalecer estados e municípios para que possam administrar suas contas públicas e atender as demandas locais, fazendo uso correto do dinheiro do contribuinte.

→ Incentivar a criação de centros de pesquisa/estudo avançado nos diversos segmentos da economia, para desenvolvimento de inovações tecnológicas e sociais a fim de melhorar a produtividade do país e agregar valor aos serviços dos contribuintes, ou seja, a sociedade.

→ Fortalecimento dos órgãos de controle e fiscalização, ampliação e autonomia das agências reguladoras para resgatar a qualidade de serviços ao contribuinte e a eliminação de ralos que drenam o dinheiro do cidadão brasileiro.

→ Garantir a livre iniciativa, reduzir a burocracia, tornar os processos de negócios mais curtos, garantir integridade jurídica para que o investimento privado caminhe em consonância com a economia de mercado e agregue valor ao um país sustentável no curto, médio e longo prazo.

→ Reduzir burocracia, simplificar processos, reorganizar a estrutura tributária, rever a distribuição de receitas entre a federação, os estados e os municípios de forma a assegurar que o dinheiro do contribuinte não seja drenado nos ralos da corrupção.

→ Trazer para dentro da economia a discussão sobre o meio ambiente. Este, quando bem administrado, é uma grande fonte de receitas para o estado, além de garantir sustentabilidade e direcionar de forma assertiva investimentos na infraestrutura.

→ Investir pesadamente na formação profissional dos seres humanos para garantir a melhoria de produtividade, competitividade e inserção da mão de obra no mercado de trabalho que, por conseguinte, torna os bens e serviços com preços mais justos e compatíveis com o mercado internacional.

XXXI
Reformas necessárias
Reforma Social

Sumário executivo

RESGATAR A IDENTIDADE DO POVO BRASILEIRO NO sentido das práticas mais efetivas dos valores sociais, sejam eles individual ou coletivo, restaurando o sentimento de pertencer, a cidadania e o exercício dos direitos e deveres com a sociedade. Gestão da coisa pública é uma relação de troca, ou seja, o povo paga impostos e espera receber em troca benefícios que os mantêm engajados na construção de um país melhor. Assim, a sociedade resgatará o orgulho de ser brasileiro.

A seguir, listo um conjunto de ações estratégicas que, a meu ver, podem trazer resultados extremamente significativos para a redução da impunidade no país.

Reforma Social (20/80)

Ações estratégicas a serem consideradas

É preciso resgatar os mais sólidos valores sociais, tais como ética, confiança, transparência, honestidade entre outros, não só dos cargos eletivos, mas também da sociedade civil. Fazer do estado um instrumento de transformação da sociedade para criar oportunidades, eliminar privilégios e agregar valor aos serviços prestados a sociedade civil.

→ Investir fortemente na saúde, de tal forma que a sociedade perceba a qualidade de serviços prestada e eliminar os ralos por onde o dinheiro é drenado.

→ Investir fortemente na educação em todos os níveis, primário, secundário e superior e, em especial, nos professores para criar oportunidades e igualdade de condições para todos os brasileiros.

→ Investir fortemente no sistema de segurança, em especial nos seres humanos e na tecnologia de prevenção e repressão ao crime.

→ Investir fortemente no sistema de transporte coletivo para melhorar o deslocamento das pessoas, de tal forma a melhorar a qualidade de vida reduzindo o tempo viagem e aumentando a produtividade.

→ Investir fortemente na construção de valores éticos e da sociedade civil para garantir a construção de uma verdadeira escala de valores em um país em crescimento.

XXXII
Reconstruir o Brasil

Preâmbulo

É CHEGADA A HORA DE RECONSTRUIR O BRASIL. A continuar a situação atual, nada vai acontecer, ou melhor, a tendência é piorar. Faço um apelo à sociedade para que se engaje na mobilização nacional para mudar de forma estrutural este belíssimo país chamado Brasil. A reconstrução, quando feita com a participação popular, tende a ser mais consistente, porque cada um dos envolvidos se sentirá um pouco dono do Brasil. Quando o cidadão é dono ele sente a dor de ser dono.

→ **O processo de mudança** – Chamar a sociedade a se responsabilizar pelo processo de mudança, que se faz tão urgente neste país.

→ **Reflexão sobre nosso papel na sociedade** – Fazer momento de reflexão sobre os desmandos no país e convidar a sociedade para o processo de mudança.

→ **Um convite a sociedade civil** – Por que se engajar em um processo de mudança?

→ **O país que queremos para nossos filhos** – O país dos nossos sonhos existe. Só depende de nós.

XXXIII
Reconstruir o Brasil
O processo de mudança

Sumário executivo

ESTE CAPÍTULO BUSCA O ENVOLVIMENTO DA SOCIEdade para produzir uma mudança transformadora e duradoura dos valores sociais do país para restabelecer a qualidade dos serviços públicos e erradicar de vez a corrupção no país. A mudança se faz necessária quando, neste caso, o estado não atende as demandas da sociedade civil. É um processo que requer engajamento da sociedade e um objetivo de futuro claramente definido.

Importante: A Constituição Federal do Brasil permite que a sociedade faça a mudança ou empreste poder a quem queira fazê-la.

O processo de mudança – Responsabilidade da sociedade

"É sempre preciso saber quando uma etapa chega ao fim... O que importa é deixar no passado os momentos da vida que já se acabaram." Fernando Pessoa

É chegada a hora de dar respostas claras e efetivas às mudanças reclamadas pelos brasileiros, no sentido de restaurar a fé e a confiança dos cidadãos no país e nas possibilidades de seu próprio crescimento e ascensão social, em ambiente de ética e respeito.

É possível que muitos assuntos na economia do país se ajustem rapidamente, sem que haja necessidade de uma intervenção mais estruturada. Portanto, é fundamental que a sociedade civil reveja seus valores, individual e coletivo, para que o Brasil possa ter um futuro compartilhado.

Assim, temos um grande desafio cultural e educativo que precisa ser resgatado para que possamos construir um Brasil inovador, rico em valores sociais e integro nas instituições jurídicas.

Pode parecer que nós brasileiros vivemos em uma democracia com completa liberdade de expressão e em um sistema capitalista que divide a riqueza gerada na nação, seja na distribuição de renda ou em investimentos para a melhoria da qualidade de vida do povo.

Ledo engano, a cada dia que passa a riqueza se concentra mais e mais nas mãos de uma minoria, ficando a grande maioria à margem deste benefício. Neste contexto, a sociedade precisa aceitar uma verdade relativamente dura.

A sociedade está orientada para si mesma, alheia aos grandes problemas que assolam o país, com a identidade de ser brasileiro comprometida e vivendo das verdades que nos são impostas pelos sistemas de comunicação e ausente de convicções próprias.

É preciso se indignar. A situação atual é extremamente seria, na medida em que os serviços públicos estão precários, a corrupção se escancara no país de norte a sul, a insegurança toma conta das nossas vidas e o Estado nos impõe custos adicionais diariamente, seja no aumento da energia elétrica, água e esgoto, imposto predial e no aumento da tributação, enfim, que eleva o custo de vida de forma significativa.

Como resultado, temos a inflação em ascensão acelerada, que dilapida o patrimônio público e os salários dos trabalhadores.

Vamos reagir. Não vamos nos permitir ser derrotados pelo que está aí. Nós somos muito maiores que isto se trabalharmos juntos. A sociedade tem a capacidade de se refazer com agilidade e, para isso, basta voltar a acreditar em si mesma e acreditar que tem o direito de escolha.

É preciso que cada brasileiro olhe para si mesmo, com honestidade, integridade de princípios, ética e se pergunte se está vivendo em uma verdadeira democracia, com liberdade de expressão para dar sua contribuição para a construção de um Brasil melhor.

Acreditem. Não há sistema ou modelo de governo que possa anular a sociedade – no campo individual ou coletivo – de exercer seus direitos.

Faça uma reflexão sobre sua capacidade de reagir aos desmandos que estão instalados neste país e busque no fundo do seu coração forças para mudar. Cada um de nós tem dignidade e ela é só nossa.

Não deixe que um bando de corruptos as tire de nós e, em especial, do conjunto da sociedade. Conviver com a verdade é a beleza de reagir. É uma forma de crescimento pessoal e coletivo.

Vamos mudar. Vamos nos juntar no campo coletivo e exercer pressão sobre os políticos que nós elegemos e que são nossos representantes e, como tal, devem estar alinhados às demandas da sociedade e não aos interesses escusos que estão destruindo o país e a identidade dos brasileiros.

Vamos desenvolver a capacidade coletiva, ou seja, deixar de olhar para si mesmo e olhar para o todo, só assim vamos reconhecer que é possível crescer no campo material e espiritual.

Vamos superar nosso individualismo e construir uma nova relação em torno de uma sociedade comprometida com as mudanças relevantes para o país e que se traduzam em resultados qualitativos para todos.

É preciso educar. Vamos desenvolver uma nova identidade cultural para o país para que se traduza em novos hábitos e novos valores sociais, tanto em nível individual quanto coletivo.

Para isso, é preciso engajamento político, social e econômico. Analisar o que está acontecendo no país, tirar as próprias conclusões e compartilhar com outras pessoas. Não podemos mais nos permitir receber pacotes econômicos e sociais emoldurados para presente e prontos. O processo educativo, quando realizado com vontade, amplia horizontes, desenvolve habilidades, cria convicções e alimenta o crescimento pessoal.

Não seja mais um, seja um brasileiro que faz a diferença. Pode parecer simples este processo de mudança, mas não é. Exige comprometimento com um ideal, razão para mudar, mas posso assegurar que será tão mais fácil ou mais complicado dependendo do grau de disposição que se coloca nele.

Esforços neste sentido movem montanhas, mas pode deixar algumas ranhuras pelo corpo. É um processo de semear em terra fértil e, quando frutifica, resgata a nossa dignidade, eleva nossa razão de existir e deixa claro para cada um de nós a razão pela qual estamos neste mundo.

E para concluir: Convido a todos para iniciarmos o processo de mudança no país. Vamos nos juntar e mostrar aos Poderes Executivo, Legislativo e Judiciário a nossa felicidade ou infelicidade com o desempenho deles. A mobilização da sociedade, de forma ordeira e continua, é a garantia da construção de uma nova identidade cultural e da manutenção dos valores éticos e sociais para o Brasil do futuro.

XXXIV

Reconstruir o Brasil
Reflexão sobre nosso papel na sociedade

Sumário executivo

Neste capítulo, tenho a pretensão de motivar a sociedade brasileira para fazer uma reflexão sobre o seu papel nos cenários econômico, social e político. Logo, quero convidar cada brasileiro que ainda não deixou a sua zona de conforto para se expor um pouco mais no processo de reivindicação dos seus direitos constitucionais.

Não prego a revolução e sim que a sociedade venha a público manifestar sua insatisfação com o estado de coisas que está acontecendo. Com isso, podemos elevar nossa voz em benefício de um Brasil sustentado e com serviços que atendam as demandas da sociedade e, principalmente, um futuro para as novas gerações.

A sociedade civil contra a corrupção, o povo brasileiro nas ruas lutando pelos seus direitos.

"A mente que se abre a uma nova ideia jamais voltará ao seu tamanho original." Albert Einstein

Começo este capítulo fazendo algumas considerações que, penso eu, baseado em fatos, é do conhecimento da grande maioria do povo brasileiro. Não tenho a pretensão de esgotar o assunto, tão somente listar aquelas que são de maior impacto em nossas vidas. Então, vejamos algumas delas:

→ **Considerando que a corrupção** é endêmica nesse país e está presente em nas esferas do Executivo, Legislativo e Judiciário, tanto em nível federal, estadual e municipal. O Brasil perde, todos os anos, 2,3% do PIB em razão da corrupção, o que corresponde a cerca de R$ 110 bilhões de reais. A corrupção também causa profundos prejuízos à confiança dos brasileiros, nas instituições e no próprio funcionamento da democracia. Medidas pontuais não serão suficientes para resolver o fenômeno da corrupção sistêmica que existe no Brasil. É preciso uma ampla mobilização nacional. Estratégia de prevenção e combate à corrupção no longo prazo, acompanhada por um programa rigoroso de educação para o exercício da cidadania que envolva órgãos públicos e a sociedade organizada. Assim, poderá minimizar os impactos econômicos, sociais, culturais e institucionais da corrupção ao desenvolvimento brasileiro.

→ **Considerando que educação e saúde pública** são os serviços mais atingidos pelos desvios dos recursos públicos pelos corruptos. Dados da Controladoria-Geral da União (CGU) apontam que 25% das verbas destinadas pelo Governo

Federal aos municípios brasileiros não chegam ao destino final. Quatro em cada cinco municípios fiscalizados pela CGU apresentam irregularidades graves na aplicação do dinheiro público. Ausência de escolas adequadas, de professores capacitados e bem pagos, falta de vagas em creches e pré-escolas, unidades de saúde sucateadas e longas filas de espera para a marcação de consultas com médicos especialistas são alguns dos impactos sociais da corrupção.

→ **Considerando que os políticos** têm baixa aceitação junto da sociedade e, para reforçar esse fato, pesquisa realizada pelo Ibope, durante as manifestações de 2013, apontou que 89% dos entrevistados não se sentiam representados pelos partidos políticos. Cerca de 30 milhões de eleitores deixaram de comparecer às urnas no segundo turno da eleição presidencial, o que equivale a 21,1% dos brasileiros aptos a votar. Outra pesquisa, realizada em novembro de 2014, com 2.728 estudantes do ensino médio da rede pública, revela que 68,40% dos entrevistados com idade entre 16 e 18 anos não se interessaram em fazer o título de eleitor.

→ **Considerando que a Constituição Federal** é desconhecida por uma boa parcela da sociedade civil e está retratada na pesquisa, mostrou que (49,90%) não sabia o que é a Constituição Federal, além de 86,55% nunca terem feito uso de algum portal de transparência e 81% deles jamais ter utilizado a Lei de Acesso à Informação.

→ **Considerando que a segurança** é um sistema em franca decadência, na medida em que morrem nesse país cerca de 50 mil pessoas por ano. Isto são mais mortes do que qualquer guerra civil dos últimos anos. A sociedade civil vive enjaulada em suas casas enquanto a bandidagem, seja ela involuntária ou de colarinho branco, circula livremente pelas ruas e pelos recantos mais belos do país. O povo sofre as consequências desta podridão, que dilapida vidas e leva a juventude para os mais obscuros recantos da privacidade humana.

→ **Considerando que a moradia** ainda possui um déficit habitacional extremamente grande no país, esforços estão sendo feitos para o suprimento desta demanda. No entanto, o que mais se vê são obras paradas e quando construídas e entregues, já estão em estado de decomposição. Os construtores receberam seu dinheiro e estão desfrutando dos seus jatinhos e *resorts* mundo afora. **E o povo?** Tentando consertar o que lhes foi entregue de forma duvidosa e inacabada.

→ **Considerando que os juros** sobem e descem como se uma gangorra fossem, a sociedade fica exposta às vontades do poder central quando da aquisição de um bem financiado. Não há certeza de nada no médio e longo prazo, na verdade, a única certeza que existe é que quando o governo gasta demasiadamente, com corrupção e mentira, o povo é chamado a pagar a conta. Para isso, utilizam o *marketing* político, chamando a extorsão do dinheiro do povo de ajuste fiscal. E nós continuamos a pagar a conta, acreditando que estamos dando um voto de confiança. Está na hora de nós, a sociedade, ter um voto de confiança e, para isso, precisamos exigir os nossos direitos. O ajuste fiscal pretende um superávit de 40/50 bilhões de reais. Só a corrupção leva em torno de 110 bilhões de reais. Que lógica é essa? Essa é a lógica da impunidade e da incapacidade de o povo brasileiro se mobilizar.

→ **Considerando que o meio ambiente** vem sendo degradado sistematicamente pela falta de investimento em infraestrutura e pela irresponsabilidade de grupos invasores de mananciais e áreas de risco em todo território nacional. É fato que os governos, sejam eles municipal, estadual e federal, não tem o menor interesse em coibir tais acontecimentos, exceto em vésperas de eleições, quando prometem a construção de moradias. E a sociedade o que faz? Assiste passivamente este conjunto de desmandos e compactua com as esferas de poder essa malignidade que destrói o meio ambiente.

→ **Considerando que o sistema de transporte público** coletivo tem sido o mote de muitas campanhas políticas, seja nos níveis estadual ou federal, para melhorar o deslocamento da sociedade, de fato tem acontecido só no papel, porque na prática nada de novo tem sido feito. Aliás, tem sim, vários contratos com empreiteiras para construções faraônicas que estão paralisadas, no entanto pagas, e a parcela de corrupção/desvio de dinheiro público na conta dos políticos e empreiteiros. E nós continuamos a pagar a conta de algo que nunca chega e jamais chegara.

→ **Considerando que os políticos** brasileiros, segundo o Portal da Transparência, 36/40% deles têm condenação na justiça em primeira instância e muitos desses também condenados na justiça em segunda instância, são nossos representantes no Executivo e no Legislativo. Ora, posto isso, o que esperar desses delinquentes travestidos de representantes do povo?

→ **Considerando que o Código Penal** é arcaico e obsoleto, mantido assim porque interessa aos políticos e poderosos. Gera neste país a cultura da impunidade, levando as pessoas a praticarem delitos com a certeza de não serem punidas e, ainda assim, se o forem, é por muito pouco tempo e voltam a reincidir no crime.

→ **Considerando que as drogas** entram neste país com facilidade e conivência das autoridades. Que por falta de investimento do Poder Executivo no controle das fronteiras e na punição dos responsáveis, destroem famílias inteiras, na medida em que um ente querido se lança nesse mundo que destrói vidas, valores sociais e acima de tudo um futuro promissor.

→ **Considerando que a riqueza** a cada ano que passa concentra-se cada vez mais, onde 5 a 10% das pessoas detém 65/70% da riqueza do país. Pouco ou quase nada se vê deste grupo reduzido de milionários que detém a riqueza do país investindo a favor da sociedade brasileira. Aliás, prática comum nos países de primeiro mundo.

→ **Considerando que os impostos** cobrados no país são extremamente elevados e deveriam ser revertidos em benefícios a sociedade, na verdade o que vemos é nenhuma recíproca neste sentido. Mas a sonegação e o desvio de dinheiro público estão em evidência sem que nenhuma punição seja aplicada aos envolvidos.

→ **Considerando que a burocracia** nesse país, a cada dia que passa, toma uma dimensão mais devastadora. Pense em alguma coisa que você precisou resolver com uma instituição pública e observe quanta dificuldade teve para solucionar seu problema e quanto lhe custou em aborrecimento, tempo e dinheiro.

→ **Considerando que o consumidor** é quem move a economia do país, na verdade, ele é o único a pagar a conta das irresponsabilidades públicas e empresariais, tais como quando precisa cancelar uma conta de celular, quando recebe um produto com defeito, quando é agredido em seus direitos civis, quando precisa da polícia, quando usa o transporte público, enfim, em uma infinidade de direitos que a constituição lhe confere.

É chegada a hora!

Ora, se tudo isso é fato, portanto verdadeiro, quem é o maior responsável por este estado de coisas? Em pesquisa realizada com 1243 voluntários, a primeira resposta mostrou que o Estado é o maior responsável. O que não está errado, até porque o Estado é uma extensão da nossa fé, na medida em que delegamos poderes aos políticos eleitos pelo voto direto com a nossa concordância.

Mas a verdadeira realidade desse fato está em cada um dos brasileiros, ou seja, a sociedade é, em definitivo, o grande e o maior responsável por esse estado de calamidade e desmandos que assolam o país de ponta a ponta. Uma sociedade acomodada em seu mundo particular, sem forças para se envolver naquilo que é seu por direito, algemada pela incapacidade de acesso aos meios de comunicação e presa aos conceitos do passado. Assistindo, com fé em Deus, o desmoronamento desse gigante chamado Brasil e que um dia isso tudo vai melhorar.

Posso garantir a cada de vocês que o Brasil só será um país melhor quando cada um de nós deixar a zona de conforto e começar a exigir os direitos que a Constituição Federal nos confere.

Ora! Vamos nos mobilizar, vamos buscar a nossa identidade já há muito perdida, não precisamos esperar por uma guerra civil ou por uma intervenção mais rígida.

Nós, individualmente, somos muito maiores que isso e se unidos, a nossa força será multiplicada por 200 milhões (população do Brasil), portanto imbatível. E, não tenha dúvidas de que construiremos um país para se orgulhar de viver.

XXXV
Reconstruir o Brasil
Engajamento da sociedade em um processo de mudança

Sumário Executivo

NÓS PASSAMOS UMA BOA PARTE DA NOSSA VIDA FAlando do passado e fazendo planos para o futuro. Temos a tendência de evitar falar sobre o presente, no entanto, as nossas ações no presente é que definirão as nossas conquistas no futuro, seja do ponto de vista individual ou coletivo, melhorando de forma significativa a nossa qualidade de vida.

Mas se realmente temos interesse em mudar nossas vidas e o país em que vivemos, este é o momento de começar. Nesta fase do livro, faço uso das principais perguntas que me foram feitas pelos entrevistados ao longo da pesquisa que trata o capítulo ambiência interna.

Um convite a sociedade civil. Por que se engajar em um processo de mudança?

"Maior que a tristeza de não haver vencido é a vergonha de não ter lutado!" Rui Barbosa

Nas minhas conversas com a sociedade, tem sido muito comum encontrar pessoas que se dizem não ter medo de nada, mesmo diante do desconhecido. O fato é que, diante do desconhecido, as pessoas tendem a terem medo sim, principalmente quando não se sabem o que está do outro lado. Convidei vários entrevistados a participarem de um teste simples.

- *O teste consistia em vendar os olhos dos entrevistados para que eles pulassem uma mureta de 15 centímetros.*

Os resultados foram os mais diferentes possíveis, mas na essência todos tinham medo do desconhecido.

Naturalmente, porque nenhum deles sabia o que existia depois da mureta. De fato, nada existia a não ser a continuidade da rua em que o experimento foi realizado. Veja os principais pontos:

→ Algumas pessoas pararam diante do obstáculo, argumentando que algo perigoso poderia estar do lado de lá.

→ Outras perguntavam se poderiam jogar uma pedra ou um objeto qualquer para ver se escutariam algum som vindo do outro lado.

→ Alguns perguntaram se poderiam dar uma "olhadela" apenas para decidir se pulariam ou não.

→ Outros sequer, após a colocação da venda, quiseram continuar o teste.

O fato é que ninguém quis pular às escuras pelo medo do desconhecido. Esse simples exercício demonstra como a natureza humana tende a se posicionar diante do desconhecido.

Isso também ocorre no âmbito das mudanças sociais, quando as pessoas não compreendem o que precisa ser mudado.

É fato que duas dimensões da natureza humana concorrem para isso, ou seja, o desconhecido e a perda da zona de conforto. Assim sendo, estou convencido de que é muito importante que as pessoas aceitem que precisam mudar.

Não mudar simplesmente pelo fato de mudar e sim para construir uma relação de continuidade consigo mesmo e com o futuro das relações, sejam elas no campo das pessoas ou no campo institucional.

Toda mudança que agrega valor é importante para o desenvolvimento humano e social em um país que quer ser gigante pela própria natureza.

Por que o processo de mudança gera tanta resistência nas pessoas/sociedade civil?

→ Duas razões levam as pessoas a terem receio da mudança. Uma é o medo do desconhecido e a outra é ter que sair da zona de conforto. No que se refere ao desconhecido, é quando o processo de mudança não flui de forma estruturada, com objetivos claros de onde se quer chegar. Isso provoca o medo em relação ao desconhecido, portanto a resistência não se dissolve com facilidade. No que se refere à zona de conforto, tem a ver com duas dimensões, ou seja, de satisfação ou insatisfação com a situação. A pessoa satisfeita com o contexto social, político e econômico, resiste à mudança com o medo de perder o que tem. Não se dispõe a discutir, a pensar no todo em detrimento da sua posição, portanto resiste à mudança. Aqueles que estão insatisfeitos com a situação estão mais propícios ao processo de mudança e tendem a olhar o todo, ou seja, estão mais comprometidos com a mudança e se dispõem a adotá-la com a certeza da sua contribuição para a sociedade como um todo.

Por que o eu tenho que participar das mudanças se elejo representantes para isso?

→ A necessidade de mudanças tem a ver com o mundo globalizado. Novas práticas de gestão da coisa pública estão evoluindo, líderes inovadores estão surgindo, existem formas diferentes de obter resultados mais qualitativos para a sociedade e nós não podemos perder esse bonde da história. Precisamos sair da zona de conforto e buscar alternativas com nossos líderes, que tragam qualidade de vida a sociedade. Um país, para se manter competitivo, precisa evoluir constantemente, ou seja, inovar, pensar "fora da caixa". O país que se acomodar corre o risco de perder sua liderança, pois os mais inovadores sempre dominarão os menos inovadores e os melhores dominarão os que não estão tão bem. Atualmente somos um país em franca decadência, seja nos valores sociais, sejam no ambiente político e econômico.

O processo de mudança não deveria começar pelos Poderes Executivo e Legislativo que foram eleitos pela sociedade?

→ O meu entendimento é que sim. Eles possuem as informações estratégicas do país. Conhecem profundamente as **forças, fraquezas, ameaças e oportunidades** do país. De posse destas informações, é fundamental a definição de um plano estratégico de 50 anos, revisado a cada 5 anos para correção de rumos. Entendo que os Poderes Executivo, Legislativo e Judiciário devem trabalhar convergindo esforços para a consecução do mesmo, sem perder de vista que a sociedade é parte fundamental neste processo. Portanto, insisto que esse plano deve ser compartilhado com a sociedade para gerar comprometimento com a obtenção dos resultados e deixar claro quais são os benefícios que advirão desse plano.

Então, porque eu estou sendo convidado a participar desse processo de mudança?

→ O processo de mudança é uma intervenção estruturada no modelo de gestão de uma determinada instituição e que precisa ser conduzida com responsabilidade e direção claramente definida. Mas o que mudar e como mudar neste país? Uma parcela da sociedade vem dando sinais claros, através de mobilizações em praças públicas, da insatisfação com diversos aspectos da economia, da política e da justiça. Os nossos representantes, eleitos pelo voto direto, a quem transferimos a responsabilidade de fazê-las, não conseguiram interpretá-las e estão fazendo algumas mudanças cosméticas com o firme propósito de se manterem no poder em detrimento dos anseios da sociedade. Precisamos nos juntar a essas vozes que já se levantaram pedindo mudanças para dar consistência a voz do povo e fazer as mudanças, antes que alguém faça por nós. Posso assegurar que, se alguém fizer por nós, será muito mais dolorida do que aquela que nasce da vontade do povo. Não há mais espaço nesse país para a impunidade e a corrupção.

Gostaria de entender. Quando é preciso o envolvimento da sociedade para fazer a mudança?

→ Em tese a cada quatro anos a sociedade têm a oportunidade de participar do processo de mudança de forma estruturada no país. Este seria o modelo ideal, na medida em que a sociedade tivesse conhecimento dos planos de médio e longo prazo desenhados para o país. Dessa forma, delegaria poderes ao líder que demonstrasse maior competência para executá-los. Utopia ou realidade? Não tenho dúvidas de que seria realidade se fossemos um país sério. Posto isso, no meu entendimento, esse é o momento absolutamente correto para que a sociedade se envolva no processo de mudança para reivindicar seus direitos constitucionais e demover do poder aqueles que lá estão com o firme propósito de dilapidar o patrimônio público, jogando na sarjeta da ignorância uma grande parcela da sociedade. Lembro que quanto maior a complacência da sociedade com os desmandos no país, mais a sociedade pagará a conta para manter a impunidade e a corrupção que destroem vidas e aniquila as oportunidades de crescimento, seja no nível individual ou coletivo do povo brasileiro.

Quais são os sinais/indicadores que mostram a necessidade de mudança no país?

→ Penso que o mais importante é a impunidade, pois isso leva o país à anarquia e à perda dos valores sociais. No entanto, tantos outros são fundamentais nesse processo, a exemplo de: baixo crescimento do PIB, alto índice de desemprego, altas taxas de juros, corrupção endêmica, criminalidade em crescimento, sistema educacional de baixo nível, falta de oportunidades para os jovens, inflação fora de controle, degradação do meio ambiente, sistema de saúde em decadência, falta de investimentos em infraestrutura, escolhas erradas de prioridades de médios e longo prazos, e, fundamentalmente, a baixa qualidade de serviços oferecidos pela administração pública em troca da alta carga de impostos cobrados do contribuinte. Todos esses indicadores estão presentes neste momento, portanto é considerado, na dimensão tempo e espaço, extremamente oportuno para iniciar o processo de mudança. Basta um pouco de motivação, tirar o "bumbum" da cadeira e ir para as ruas fazer acontecer.

É possível adiar o processo de mudança e esperar para ver o que acontece?

→ Gostaria de salientar que, na vida, todos nós temos oportunidades e escolhas. As nossas escolhas definem quem somos. É aceitável que o cidadão não perceba o momento da mudança, mas inaceitável que fique indiferente diante dela. Aqueles que não se posicionam, seja pelo sim ou pelo não, passam uma imagem de não comprometidos com os rumos do país e, em especial, com ele mesmo. Passa uma imagem de alienado e que quanto pior melhor. Para quem? O ideal é se posicionar, seja para contribuir com o processo de mudança necessário ou para manter o *status quo*. Não adiantará ficar "em cima do muro", se lamentando ou adiando uma decisão. Isso é a forma mais fácil de fugir sua responsabilidade.

Qual o papel da sociedade no processo de mudança?

O papel da sociedade é fundamental, pois é dela que se espera um maior entendimento e clarificação das demandas e mudanças a serem implementadas. É a sociedade quem gera riqueza – através dos altos tributos pagos – para que o poder público possa retribuir com qualidade de vida para o contribuinte, seja na forma de investimentos em infraestrutura ou qualidade de serviços. É a sociedade quem sofre no dia a dia os mandos e desmandos no país. Portanto, conforme nos confere a Constituição Federal do Brasil de 1988, o cidadão tem direito e o Estado tem deveres. Não abra mão dos seus direitos como cidadão brasileiro para que outros ocupem esse espaço e dilapidem o patrimônio público construído com o nosso suado dinheiro. A sociedade tem o poder de eleger através do voto direto, mas também tem o poder de destituir aqueles que não correspondem a nossa expectativa no exercício do cargo que lhe foi delegado por nós.

XXXVI
O Brasil do futuro

Sumário executivo

Brasil do Futuro – Esse é o Brasil que eu gostaria de ver no futuro não muito distante, um Brasil em que a sociedade tem orgulho de dizer que é seu, um Brasil que foi e continuará sendo construído com a participação da sociedade, um Brasil que o mundo pode visitar e desfrutar das belezas naturais, um Brasil em que a economia é forte, os valores sociais sólidos, o Judiciário íntegro e a distribuição de renda mais igualitária.

O Brasil que a sociedade brasileira estará construindo para o futuro

"Não podemos prever o futuro, mas podemos criá-lo." *Paul Pilzer*

Na economia o Produto Interno Bruto crescendo de 5 a 6% por ano e a renda dos trabalhadores acompanhando esta evolução. A inflação na casa dos 2 a 2,5% ao ano. Juros bancários compatíveis com o crescimento do PIB e a inflação, permitindo ao cidadão investimento de longo prazo. Um país autossuficiente nos insumos básicos, tais como petróleo, energia e produtos de consumo de massa. O empresariado brasileiro conquistando prêmios no exterior pela capacidade de pesquisa e inovação nos principais segmentos da economia. Produtos brasileiros sendo consumidos ao redor do mundo como referência de qualidade.

A política brasileira considerada como referência mundial. Todos os políticos possuem cursos superior e uma grande maioria com especialização em gestão políticas públicas. Apenas quatro partidos políticos e todos eles orientados para a construção dos planos de governo. Número de ministérios reduzido e ocupados por profissionais altamente qualificados para a posição. O sistema de remuneração e benefícios dos políticos acompanha o modelo praticado para todos os trabalhadores do país. O custo de fazer política é compatível com a capacidade de pagamento do Estado. Políticos e sociedade compartilhando dos mesmos meios de locomoção. Há forte aproximação entre o cidadão e o seu representante no congresso nacional.

A saúde pública é considerada uma das melhores da América do Sul, senão a melhor, e, quando comparada com a Europa e a América do Norte, é tão boa ou mesmo melhor. Hospitais de referência, equipados com o que existe de mais moderno, seja para a medicina preventiva ou a medicina corretiva. O pronto atendimento dos pacientes é questão de princípio. Os profissionais da saúde são remunerados corretamente e a qualificação profissional inquestionável. Todas as especialidades médicas disponíveis em tempo integral nos hospitais e postos de saúde.

A educação no Brasil é considerada referência mundial. As escolas estão equipadas com tecnologias de educação (laboratórios, bibliotecas, pesquisas, informática etc.) e toda estrutura de lazer e esporte para o conforto e o aprendizado dos alunos. Os professores são considerados ídolos pela sua qualificação, pela qualidade de ensino e pela dedicação na formação dos nossos estudantes. Existem salas especiais para atendimento de alunos com déficit de aprendizagem, assim como professores especializados para este atendimento. É a escola pública dando sua contribuição para a formação dos líderes do futuro.

O sistema de transporte público está ajustado às necessidades da sociedade. Funciona 24 horas por dia, os meios de transporte estão equipados com ar-condicionado, preparado para deficientes físicos e com índice de pontualidade de 95%. Os profissionais que conduzem esses meios de transporte possuem qualificação consistente e estão preparados para lidar com diferentes tipos de demandas dos usuários/sociedade.

Na segurança pública reina a paz social. Existe forte integração entre as Polícias Civil, Militar e Federal. O sistema de informação integrado em nível nacional permite aos profissionais de segurança pública a identificação dos focos de malandragem com facilidade. A atuação dos profissionais de segurança se caracteriza pela prevenção e não pela repressão. Nenhum ilícito fica sem investigação e 95% dos casos são resolvidos rapidamente. A sociedade tem orgulho em receber os policiais para um café. Na sua maioria são profissionais com curso superior ou técnico especializado e extremamente preparados para lidar com as emoções e demandas da sociedade. Também são remunerados adequadamente pelo tipo de trabalho que desenvolvem.

O Brasil é um país com baixíssimo índice de violência, razão pela qual as crianças e os adultos podem circular livremente pelas calçadas das cidades, durante o dia ou noite, despreocupados para apreciar as belezas desse país.

Na infraestrutura, os portos brasileiros estão entre os mais eficientes mundo, o sistema ferroviário liga o país de ponta a ponta e nossas estradas são consideradas tapetes pretos que cobrem todo o território nacional, por onde correm a riqueza da nação. Nossos mananciais, a flora e a fauna estão preservados. Nossos rios, oceanos, lençóis freáticos que cortam cidades e planícies Brasil afora destacam a beleza da natureza e a sociedade se deleita às suas margens. Um país com 100% de saneamento básico e um sistema de distribuição de energia elétrica planejado com custos compatíveis. O turismo representa uma parcela significativa do Produto Interno Bruto (PIB).

O Judiciário brasileiro é considerado duro, porém justo. Todo e qualquer ilícito é julgado e aplicado conforme determina a lei. A lei vale para todos, não importa cor, sexo, raça, orientação sexual, religião, posição na sociedade etc. Neste modelo, os valores sociais são fortes e duradouros. Uma sociedade convencida que um Judiciário forte inibe qualquer possibilidade de degradação dos valores sociais.

Na política externa, o Brasil ocupa um assento no Conselho de Segurança da Organização das Nações Unidas (ONU). Possui relações estreitas e saudáveis com os países ao redor do mundo. O comercio exterior está aberto para todos os continentes. Os diplomatas brasileiros são elogiados internacionalmente por sua capacidade de diálogo e sua baixa propensão a criar conflitos. Todos orientados com o firme propósito do desenvolvimento da democracia.

No campo da inclusão social, a convivência entre ricos e pobres, negros e brancos, bonitos e feios etc. é absolutamente cordial. O Estado é o órgão de planejamento, definição de prioridades e manutenção das políticas base. O cidadão tem emprego garantido e ganha o suficiente para viver com dignidade, não dependendo de favores do Estado. Ao redor dos grandes centros, o que hoje são favelas, se transformaram em bairros planejados. Todos têm moradia e acesso aos serviços básicos necessários para uma boa qualidade de vida.

Pesquisa e inovação é um referencial estratégico para o crescimento do país. Grandes centros de pesquisa e desenvolvimento, seja no campo da saúde, educação, tecnologia etc. abrigam nossos "jovens" e "velhos" cientistas na produção de conhecimento para a construção do Brasil de amanhã. Um país altamente competitivo no campo da inovação e desenvolvimento, com baixíssima dependência na produção de novas tecnologias de outros países. Existe forte intercâmbio com as universidades mais inovadoras do mundo para troca de conhecimento. Nossos jovens não precisam mais deixar o país para realizarem seus sonhos.

Burocracia no país é sinal de agilidade e eficiência. Todos os serviços que o Estado oferece para o cidadão estão disponíveis na internet e, quando necessária a presença física, o atendimento é feito com hora marcada. Os servidores públicos estão a serviço da sociedade, razão pela qual os serviços prestados são considerados de ótima qualidade. É o retorno dos tributos arrecadados em forma de qualidade de serviço, proporcionando maior qualidade de vida ao cidadão brasileiro.

No campo da desigualdade social, o Brasil é um país com liberdade de expressão, onde as pessoas têm acesso à educação básica de qualidade, oportunidades de emprego, estímulos para o consumo de bens culturais, entre outros. A distribuição de renda é mais igualitária. Existe equilíbrio no padrão de vida dos seus habitantes, seja no âmbito econômico, escolar, profissional, de gênero etc. Há forte investimento nas políticas sociais para garantia da qualidade de vida da sociedade.

E os meios de comunicação? Todos orientados para a defesa da nação. Não existem meias verdades, o jornalismo é fundamentado na busca dos fatos, de forma a garantir que a sociedade tenha clara visão dos acontecimentos e não seja levada a fazer interpretações erradas do contexto social, político e económico do país. Os meios de comunicação, sejam eles escrito, falado ou televisado, são instrumentos de conhecimento e desenvolvimento da nação brasileira.

Esse é o Brasil que eu acredito para o futuro. **Utopia ou realidade?** Tenho a firme convicção de que pode ser realidade. Para isso, basta apenas a sociedade acreditar que é possível construir. O Brasil é um país riquíssimo e com potencial maravilhoso para crescimento. Só é preciso dar um basta na corrupção e na impunidade e a sociedade fazer valer seu poder. Como Raul Seixas já disse: **"Um sonho que se sonha só, é só um sonho que se sonha só, mas sonho que se sonha junto é realidade."**

FIM

Bibliografia

Portal da Transparência – análise sobre a probidade e lisura dos nossos agentes políticos – senadores, deputados, governadores e tantos outros.

Instituto Brasileiro de Geografia e estatística (IBGE) – estudos sobre a evolução e tamanho do PIB do Brasil.

Folha de São Paulo – matéria sobre a arrecadação e destinação dos impostos para os diversos setores de prestação de serviços do estado.

Portal Terra – matéria pública sobre os 50 maiores PIB do mundo em 2014.

Fundo Monetário Internacional (FMI) – *check* de informações sobre o PIB dos diversos países x as publicações existentes nos diversos canais de comunicação do Brasil.

Site oficial da Presidência da República – destinação dos impostos arrecadados aos diversos setores de serviço da economia, tais como educação, segurança, saúde, infraestrutura etc.

Este livro foi composto
em Minion Pro pela Editora
Autografia e impresso em
papel offset 75 g/m².